古典文獻研究輯刊

三二編

潘美月・杜潔祥 主編

第 **42** 冊

南宋戲謔詩校注
（第五冊）

張 福 清 著

國家圖書館出版品預行編目資料

南宋戲謔詩校注（第五冊）／張福清 著 -- 初版 -- 新北市：
花木蘭文化事業有限公司，2021〔民110〕
目 2+170 面；19×26 公分
（古典文獻研究輯刊 三二編；第 42 冊）
ISBN 978-986-518-423-0（精裝）
1. 宋詩 2. 詩話
011.08   110000636

ISBN-978-986-518-423-0

9 789865 184230

古典文獻研究輯刊
三二編　第四二冊　　　　　ISBN：978-986-518-423-0

南宋戲謔詩校注（第五冊）

作　　者　張福清
主　　編　潘美月、杜潔祥
總 編 輯　杜潔祥
副總編輯　楊嘉樂
編　　輯　許郁翎、張雅淋　美術編輯　陳逸婷
出　　版　花木蘭文化事業有限公司
發 行 人　高小娟
聯絡地址　235 新北市中和區中安街七二號十三樓
　　　　　電話：02-2923-1455／傳真：02-2923-1452
網　　址　http://www.huamulan.tw 信箱 service@huamulans.com
印　　刷　普羅文化出版廣告事業
初　　版　2021 年 3 月
全書字數　687400 字
定　　價　三二編 47 冊（精裝）台幣 120,000 元　　版權所有 · 請勿翻印

南宋戲謔詩校注
（第五冊）

張福清 著

目

次

卷二十二

趙公豫

趙公豫（1135～1212），字仲謙（一字仲謀），常熟（今屬江蘇）人。魏王廷美六世孫。高宗紹興二十四年（1154）進士，歷知高郵軍、真州、常州，官至通議大夫，寶謨閣待制。著有《燕堂類稿》。今錄戲謔詩 2 首。

陳元矩昭度納姬戲贈〔1〕

其一

半載幽居太寂寥，春風送暖此良宵。深情不必旁留戀，好布羅帷籠阿嬌〔2〕。

〔校注〕

〔1〕陳元矩：名昭度（1116～？），建州建安（一云興化）人。陳師立之子。紹興五年（1135）登進士第。為尤溪主簿，改奉議郎，知福州長樂縣，未上而卒。

〔2〕阿嬌：漢武帝的皇后，母親是漢室的長公主、漢文帝的女兒。貴為皇后，母儀天下，她曾顯赫一時。

其二

賺得姬人下鏡臺，錦衾角枕手親裁〔1〕。魚魚水水成佳會，懶向書堂事酒杯。

〔校注〕

〔1〕錦衾角枕：男女歡愛描寫的鋪墊，「魚魚水水成佳會，懶向書堂事酒杯」便是明確的敘寫。明徐熥《春歌》詩曰：「羅衾與角枕，展轉有誰憐」，即暗示男女情愛。

林亦之

林亦之（1136～1185），字學可，號月魚（一作漁），又號網山。福州福清（今屬福建）人，學者稱網山先生。從林光朝學，趙鼎嘗薦之，與光朝、陳藻齊名，稱「城山三先生」。一生未仕，追贈迪功郎、謚文介。有《易講》《論語精解》十卷等（均佚），存《網山集》十卷。今錄戲謔詩 2 首。

戲題稚春杜少陵詩集〔1〕

十年蕭蕭去武林，橐中唯有謫仙吟。君今失意還山窟，少陵詩集如明月。自怪平生每相似，窮愁嗜好亦如許。飯顆山頭舊相逢〔2〕，安得娟娟同處所。故人語我明年冬，或騎大馬長安中。或倚書樓頭如蓬，即見雙劍終然同。我聞此語歡且劇，視君狀貌如其筆。兩目津津可終遁，此物應藏月魚室〔3〕。月魚文字非時好，已問菟裘吾將老〔4〕。綠煙亭下黃花時，兩手抱取歸柴扉。

〔校注〕

〔1〕稚春：林豐，字稚春。（《奉題林稚春菊花枕子歌》題注）詩人之友。從其《網山集》卷五《祭林稚春母文》、卷六《代祭稚春文》《代友人祭稚春文》等文，林亦之曾代林豐父作祭子文，可知林豐父七十五歲時喪子，孫尚幼。

〔2〕此句化用李白《戲贈杜甫》：「飯顆山頭逢杜甫，頭戴笠子日卓午。借問別來太瘦生，總為從前作詩苦。」

〔3〕月魚；林亦之，字學可，號月魚。私謚「文介」。

〔4〕菟裘：古邑名。出《左傳・隱公十一年》。後世稱封建士大夫年老退隱的處所。

《本草格式・自序》：「不日，將乞骸骨，歸老海隅。諒於此生終無可成之期，始序其概而藏之，異時營老菟裘，及正首丘之後，萬一國家欲承前代故事，成一代之書以嘉惠生靈。」

江樓陪范長官宴自警一篇戲呈鄭主簿〔1〕

幾回過海上，此日暫躊躇。未盡尊前酒，還奔使者車。官人無少暇，賤子敢安居。一畝芭蕉圃，如今要自鋤。

〔校注〕

〔1〕范長官：范處義。南宋婺州蘭溪（今屬浙江）人，字子由，學者稱逸齋先生。早年治《詩經》，登紹興二十四年（1154）進士。光宗即位，以知滁州改任殿中侍御史。後除秘書監。尋以秘閣修撰出為江東提刑。鄭主簿：鄭公敏，字明之。漳州龍溪縣人。乾道五年登進士第。歷福清縣主簿、古田縣教官。

章 甫

章甫（1134～1195？），字冠之，號轉庵居士，又號易足居士，鄱陽（今江西波陽）人，居儀真（今江蘇儀徵）。少從張孝祥遊，豪放不羈。工詩，善隸古。曾舉秀才，以詩遊士大夫間，與當世名流陸游、韓元吉、呂祖謙均有唱和。著《易足居士自鳴集》十五卷，現存六卷。今錄戲謔詩6首。

元用見過誦詩劇談因成古風以成戲惱兼簡若晦唐卿〔1〕

有口只可飲醇酒，世事令人三日嘔。有耳只可對詩翁，俗語令人三日聾。平生嗜酒耽佳句，此外自知無用處。東風吹我墮江邊，歲晚知音罕相遇。誅茅蓋頭無少閒，數日不到諸君間。塵土瞇眼鬚鬢斑，誰賦淮南大小山〔2〕。怪底晴簷靈鵲噪，籃輿相尋談絕倒〔3〕。恨君無乃酒量窄，愛君豈獨詩格老。開尊喚客知何時，坐上可無俞與韋。更長不怕杯行遲，願見春風楊柳枝。

〔校注〕

〔1〕元用：陸游長子子虡之子，小名德孫。《山陰陸氏族譜》：「元用，字聖經，以父郊恩，補西安尉，卒於官。娶范。淳熙甲辰生，嘉定戊辰卒，年二十五。葬東堡。」若晦：俞烈，字若晦，臨安（今浙江杭州）人。祖徹，與張九成、凌景夏齊名。烈少警敏，淳熙八年試禮部第一，授太學錄，遷轉博士。光宗即位，轉對，請酌咸平元祐之制，日輪講讀官內直，以備訪問，進秘書郎、出守嘉興。……嘉定初起知慶元府移鎮江。撫輯流移，曲盡恩意，召權禮部侍郎兼中書舍人。……尋除吏部侍郎兼侍讀……號盤隱居士，有《盤隱詩編》《掖垣制草》《奏議》《比徵》等集。　　唐卿：韋唐卿。其人不詳。

〔2〕《淮南》大小山：《淮南》，即《淮南子》，是由淮南王劉安組織其門客蘇非、
　　　李尚、左吳、田由、雷被、毛被、伍被、晉昌等八公，及諸儒大山、小山等
　　　共講論道德、總統仁義，而著之書。八公及諸儒大山、小山是該書的主要撰
　　　寫人員。

〔3〕籃輿：古時一種竹製的坐椅。

雪中張仲庠惠十詩老懶不能追逐戲答古風兼簡陳伯茂〔1〕

　　愛君詩好韻倔奇，快如天馬不容羈。惜君有錢不沽酒，盡日苦吟難
療饑。我生真成錯料事，陳子生涯略相似。敢持短兵與君接，笑我老來
長退怯。空山一夜雪盈階，軒窗晃耀如瑤臺。尊中尚喜有餘綠，紅潮兩
頰心悠哉。安得萬里江，變作葡萄醅。笑呼姮娥共起舞，夜闌更酌北斗
杯。一醉三千年，從教海水揚塵埃〔2〕。妻孥笑我言，此樂恐未諧，典
衣且復沽茅柴。淮南有薄田，與汝歸去來。願身長健眉長開，好插梅花
醉幾回。

〔校注〕

〔1〕張仲庠：不詳。只知與宋白、王珪、周彥質、王仲修等人一樣，各著有《宮詞
　　　一百首》。陳伯茂：生平事蹟不詳。

〔2〕海水揚塵：滄海桑田。

戲簡樂長卿〔1〕

　　長卿談兵氣飄揚，半生漫趁槐花忙。塵埃綠綺誰拂拭〔2〕，雞群野鶴
空昂藏。何必明經取青紫〔3〕，請君囊書獻天子。中原猶未息兵戈，萬
里橫行丈夫事。懍夫株守衡門裏〔4〕，初無長鬚給薪水。故舊經年絕尺
書，烏鵲玩人頻送喜。欲行萬里囊無錢，移床且對薰風眠。兒啼妻怒了
不問，誦詩過午聲琅然。

〔校注〕

〔1〕樂長卿：生平不詳。

〔2〕綠綺：漢代著名文人司馬相如彈奏的一張琴。司馬相如原本家境貧寒，徒有四
　　　壁，但他的詩賦極有名氣。梁王慕名請他作賦，相如寫了一篇《如玉賦》相贈。
　　　此賦詞藻瑰麗，氣韻非凡。梁王極為高興，就以自己收藏的「綠綺」琴回贈。

　　「綠綺」是一張傳世名琴，琴內有銘文曰「桐梓合精」，即桐木、梓木結合的
　　精華。相如得「綠綺」，如獲珍寶。他精湛的琴藝配上「綠綺」絕妙的音色，
　　使「綠綺」琴名噪一時。後來，「綠綺」就成了古琴的別稱。

〔3〕明經取青紫：通曉經史就可以取得官職。青紫，指官吏服飾之色，喻官職。

〔4〕懦夫：即懦夫。衡門：以橫木為門，指房屋極簡陋。

戲簡李清宇〔1〕

　　四十九年真大謬，三百六旬長鮮驩〔2〕。人生一夢何足較，田穀薦饑
良獨難〔3〕。酒邊志氣漫豪放，眼中骨相殊酸寒。輸與能詩李供奉，水
旱不憂吾有官〔4〕。

〔校注〕

〔1〕李清宇：周孚、辛棄疾之友。周孚《送李清宇序》：「延安李君清宇，予始識之
　　　於滁。與之語，歡堪。視其所去取與所趨避，鮮有不與予同者。」其他不詳。
　　　辛棄疾有《聲聲慢·滁州作，奠枕樓和李清宇韻》詞。

〔2〕驩：同「歡」，高興。

〔3〕薦：重疊，接連。薦饑，連年遭到饑荒。

〔4〕李供奉：李白曾於天寶年間入翰林院，任翰林供奉，故以「李供奉」稱白。此
　　　借指李清宇。「水旱」句：指賈黯。《宋史·賈黯傳》：賈黯，字直孺，鄧州穰
　　　人。擢進士第一，起家將作臨丞、通判襄州。還為秘書省著作佐郎、直集賢院，
　　　遷左正言、判三司開拆司。自景祐初畿內饑，民不聊生。賈黯請復民社義倉，
　　　以備凶歲。欲使民有貯積，雖遇水旱，不憂乏食，則人人自愛而重犯法，此正
　　　消除盜賊之原也。

戲答王通一〔1〕

　　底事重來淮上村，九關難上阻司閽〔2〕。短衣他日欲射虎，堂印何時
看倒盆〔3〕。花著襟裾無定力，雪侵鬚鬢有愁根。天河且挽洗瘡痏，若
問甲兵君莫論〔4〕。

〔校注〕

〔1〕王通一：名萬全，字必勝，一字通一，金壇（今屬江蘇）人。與王質等人有交
　　　往。王質有《浣溪沙·和王通一韻簡虞祖予》詞。

〔2〕司閽：看門的人。九關：謂九重天門或九天之關。《楚辭‧招魂》：「魂兮歸來，君無上天些。虎豹九關，啄害下人些。」此指宮闕，朝廷。

〔3〕短衣：春秋時衛人寧戚失意為商，夜宿齊國東門外，喂牛時叩角作歌歎短衣，自傷貧困，以切詠夜。齊桓公經此，聞聲知其賢，用為客卿。後因用作失意求仕的典故。堂印：宰相居政事堂所用的官印。這裡指王通一。倒盆：倒盆是指將南面的植物與北邊的植物顛倒位置，以滿足植物對光的需求。木本藥卉，如臘梅、月季、杜鵑、白玉蘭等，宜來年倒盆。這裡代指植物盆摘。

〔4〕瘡疥：疥蟲感染皮膚引起的皮膚病。此指戰亂。

燈夕戲簡胥直夫〔1〕

小雨催耕苦未勻，東風吹水起魚鱗。兵戈關塞今年定，燈火江城此夜新。萬點飛花愁客子，一天明月屬遊人。舊時面壁胥居士，何處笙歌作好春。

〔校注〕

〔1〕胥直夫：生平不詳。從本詩中可知為居士。

陳傅良

陳傅良（1137～1203），字君舉，號止齋，人稱止齋先生。溫州瑞安（今浙江瑞安）人。孝宗乾道八年（1172）進士。歷任太學錄、湖南桂陽軍知軍、湖南提舉茶鹽公事、湖南轉運判官等職，官至寶謨閣侍制。卒諡「文節」。陳傅良是永嘉學派的主要代表之一，為學主「經世致用」，反對性理空談。著有《周禮說》《春秋後傳》《止齋集》等。今錄戲謔詩 11 首。

次陳益之韻戲呈汪守充之〔1〕

雨過山新沐，風平水漫流。移尊來選勝，立馬步通幽。春在桑麻塢，香團橘柚州。從君詩有律，還我酒無籌。〔2〕

〔校注〕

〔1〕陳益之：陳謙（1144～1216），字益之，號易庵。溫州永嘉（治今浙江溫州）人。陳傅良從弟。乾道八年（1172）進士，授福州戶曹。官司農少卿、湖廣總領，除京湖宣撫司參謀官。襄陽兵敗，坐罪奪職罷任，尋起知江州。韓侂冑被誅，坐為韓侂冑黨羽罷任奉祠而卒。《止齋集》卷二有《送陳益之架閣》。汪義端，字充之，黟縣人，乾道五年（1169）進士。歷官中書舍人，知婺州、溫州，帥隆興，終知鄂州。祖勃，紹興二年進士，攀附秦檜，累官僉書樞密院。

〔2〕自注：汪守坐上苦吟，而忘飲客酒，因戲及之。

用幽字韻戲簡謝倅〔1〕

當戶排危翠，循除漾淺流。此生從稼圃〔2〕，誰與伴深幽。韓子癡憑桉〔3〕，龐公倦入州〔4〕。青蒭與白飯〔5〕，卻待為君籌。

〔校注〕

〔1〕謝倅：即謝景英。祖籍上蔡，南渡後寓臨海，遂為臨海人。上蔡謝氏北宋時有理學家謝良佐，《宋史》卷四百二十八有傳；南渡初有參知政事謝克家。克家，即景英伯父。《謝倅生日》「渡江公子今無恙，上蔡家聲世不多」兩句所詠即此。

〔2〕《論語·子路》：樊遲請學稼，子曰：「吾不如老農。」請學為圃，曰：「吾不如老圃。」

〔3〕「韓子」句：未詳。

〔4〕《後漢書·逸民列傳·龐公傳》：「未曾入城府。」

〔5〕杜甫《入奏行》：「為君酤酒滿眼酤，與奴白飯馬青蒭。」

用幽字韻呈汪守謝倅

旌騎收人跡，簪紳雜道流〔1〕。引杯忘日永〔2〕，得句與山幽。行在今當路，中興此望州〔3〕。為將登覽目，著處訪邊籌。

〔校注〕

〔1〕簪紳：猶簪帶。唐顏師古《奉和正日臨朝》：「肅肅皆鵷鷺，濟濟盛簪紳。」

〔2〕引杯：舉杯。陸游《客從城中來》詩：「引杯撫長劍，慨歎胡未滅。」

〔3〕行在即臨安府，望州指溫州。

用幽字韻答賈端老〔1〕

人皆忘姓字，誰獨訪源流。病驥宜懷櫪〔2〕，遷鶯故入幽〔3〕。十年慚主簿，萬戶薄荊州〔4〕。此事吾何敢，相將負一籌。

〔校注〕

〔1〕賈端老：賈儼，字端老，樂清人。《止齋集》卷三十五有《答賈端老五書》。葉適《題賈儼不忘室》詩云：「賈子好修士，躬耕鹿岩阿。」文天祥《題賈端老不忘室》：「鹿岩賈君得不忘二字於水心先生之詩，以名其室……今其孫子純寶其祖訓二字，勿替引之，知悟幾矣。」

〔2〕曹操《龜雖壽》：「老驥伏櫪，志在千里。」

〔3〕《毛詩・小雅・伐木》：「伐木丁丁，鳥鳴嚶嚶。出自幽谷，遷于喬木。」

〔4〕《史記・李將軍列傳》：文帝曰：「惜乎，子不遇時，如令子當高帝時，萬戶侯豈足道哉？」

周和叔通判雪寒索酒戲用來韻以將朋尊〔1〕

持杯雖念故人寒，欲予還不似印刓〔2〕。此債豈應行處有，麴春何日寄雲安。〔3〕

〔校注〕

〔1〕周和叔：生平不詳，曾官通判。

〔2〕印刓：官印。《史記・淮陰侯列傳》：項王見人恭敬慈愛，言語嘔嘔，人有疾病，涕泣分食飲，至使人有功當封爵者，印刓敝，忍不能予，此所謂婦人之仁也。

〔3〕自注：和叔入蜀，故云。　　雲安：夔州古稱「雲安」，即重慶奉節所在地。歷來出釀美酒，唐杜甫曾用「聞道雲安麴米春，才傾一盞即醺人」的詩來詠贊此地之酒。此後，「雲安麴米春」成了夔州的名酒，令無數飲客嚮往，宋人經由奉節，要吟謳此酒。

謝林默之居士惠酒居士山居方與世絕尚欲友此廢人耶小詩舉發一笑〔1〕

不將鵝鴨惱比鄰〔2〕，林下蕭然老幅巾〔3〕。乞與青州十從事〔4〕，添成明月兩閒人。

〔校注〕

〔1〕林默之，未詳。

〔2〕杜甫《將赴成都草堂途中有作先寄嚴鄭公》：「休怪兒童延俗客，不教鵝鴨惱比鄰。」不讓自家的鵝鴨喧擾鄰居，使別人煩惱。

〔3〕幅巾：魏晉南北朝流行的首服。幅本為布絹寬度，以一幅寬的巾頭，故名幅巾。不按朝廷禮制戴冠，而以制巾裹住頭髮，當時認為是儒雅風流之舉。此習始於漢末。《後漢書・鄭玄傳》：「玄不受朝服，而以幅巾見，一宿逃去。」

〔4〕《世說新語・術解》：「桓公有主簿，善別酒，有酒輒令先嘗，好者謂『青州從事』，惡者謂『平原督郵』，青州有齊郡，平原有鬲縣。從事，言到臍（肚臍）；督郵，言在鬲（即膈，胸腹腔間的膈膜）上住。」後用「從事青州」稱好酒或美味佳酒。

戲題止齋叢石

雖無壁立翠琅玕，聊當庭前犢鼻褌〔1〕。我亦聞之方伎者〔2〕，眾山皆大小為尊。

〔校注〕

〔1〕翠琅玕：一種青綠色的玉石。古人常用作佩飾。三國魏曹植《美女篇》：「頭上金爵釵，腰佩翠琅玕。」犢鼻褌：漢代一種貼身穿著的褲子。長至膝，有襠。因形狀像犢鼻而得名。一說犢鼻為膝下一個穴位，因褲長及膝而得名。

〔2〕方伎：醫藥及養生之類的技術。

嘗語客蓴鱸橙蟹的對或言今年斗門堅寒故蟹不上又今秋風急鱸魚亦鮮余發一笑因成二十八字〔1〕

蓴鱸有玉西風急〔2〕，橙蟹無金東海深〔3〕。祇為酒醒愁夜永，二蟲得失我何心〔4〕。

〔校注〕

〔1〕的對：恰當的對句。斗門，堤堰所設宣洩洪水的閘門。唐李白《題瓜州新河餞族叔舍人》：「海水落斗門，湖平見沙汭。」

〔2〕蓴鱸：蓴菜和鱸魚。玉：形容鱸魚肉嫩白如玉。

〔3〕橙蟹無金：謂此時梭子蟹尚未有蟹黃。橙蟹，梭子蟹。金，蟹黃。

〔4〕二蟲：語見《莊子·逍遙遊》：「之二蟲又何知！」古人泛稱動物為蟲。禽為羽蟲，獸為毛蟲，魚為鱗蟲，龜為甲蟲等。此指鱸魚和蟹。

因客說秋秫水傷復用前韻

風鱠不須鹽豉好，霜螯須著酒船深〔1〕。無由種秫求旁舍，旁舍秋螟已蠹心〔2〕。

〔校注〕

〔1〕手持蟹螯飲酒，古人視為人生一大樂事。酒船：供客人飲酒遊樂的船。《晉書·畢卓傳》：「卓嘗謂人曰：『得酒滿數百斛船，四時甘味置兩頭，右手持酒杯，左手持蟹螯，拍浮酒船中，便足了一生矣。』」

〔2〕秫：俗稱高粱。螟：螟蟲，螟蛾的幼蟲，主要生活在稻莖中，吃其髓部，危害很大。

寒食早起圍爐中戲和林宗易韻二首〔1〕

其一

迭帳重裘更怯風，絕憐寒食到匆匆〔2〕。一春不見花開落，但說栽花費幾工。

〔校注〕

〔1〕林宗易：屢見《止齋集》中，及瑞安岑岐翠陰洞慶元三年、四年摩崖題名，蓋作者鄉居密友。孫衣言以作者《和林宗易作屋》「欲因舊染倍勞形，昔在先生配二程。梅樹護持供北顧，萱堂潤色作東榮」一詩考定「宗易必介夫後人」（《甌海軼聞》卷二《介夫家學》）。介夫，林石字，見《東甌詩存》卷一。

〔2〕寒食：《荊楚歲時記》：「去冬節一百五日，即有疾風甚雨，謂之寒食，禁火三日。」據傳，當年晉公子重耳在外逃難十九年，身邊有一曾割肉救他性命的隨從名介之推。重耳回到晉國做了國君之後，對當年逃難的人都有封賞，恰好忘記了介之推。介之推也不慕榮華富貴，就帶著老母隱居在深山。後來朝廷為他封賞逼他出山，而放火燒山。但他與老母抱死不出山，便被燒死在山野。後人為紀念他，將介子推遇難之日定為「寒食節」。每逢寒食節，家家戶戶不動煙火，吃寒食。

其二

春工偏以速為神，誰管沉痾未覺春〔1〕。禁得春寒長恣賞，甘心輸與少年人。

〔校注〕

〔1〕沉痾，指積久難治的病。

樓鑰

樓鑰（1136～1213），字大防，號攻媿主人，明州鄞縣（今浙江寧波）人。孝宗隆興元年（1163）進士，曾知溫州，官至參知政事。樓鑰以文章見稱於世，真德秀稱他和李邴、汪藻為南宋文章三大家。作詩主於自然，氣勢頗盛，擅七古。著有《攻媿集》。今錄戲謔詩 31 首。

催老融墨戲

古人惜墨如惜金，老融惜墨如惜命。濡毫洗盡始輕拂〔1〕，意匠經營極深夐〔2〕。人非求似韻自足，物已忘形影猶映。地蒸宿霧日未高〔3〕，雨帶寒煙山欲暝。中含太古不盡意〔4〕，筆墨超然絕畦徑〔5〕。畫家安得論三尺〔6〕，身世生緣俱墮甑〔7〕。人言可望不可親，夜半叩門寧復聽。三生宿契誰得知〔8〕，一見未言心已應。岩傾千丈雪散空，上有清池開錦鏡。意行忽發虎溪笑〔9〕，許作新圖寫幽勝。歸行一紙五十尺，傳以礬膠如練淨。自知能事難促迫，卷送松窗待清興。筆端服寸今何如，西抹東塗應略定〔10〕。何當一日快先睹，洗我昏眸十年病。

〔校注〕

〔1〕濡毫：濡筆。謂蘸筆書寫或繪畫。唐韋應物《酬劉侍郎使君》詩：「濡毫意傸俛，一用寫惆勤。」

〔2〕意匠：謂作文、繪畫、設計等事的精心構思。唐楊炯《〈王勃集〉序》：「六合殊材，並推心於意匠；八方好事，咸受氣於文樞。」夐（xiòng）：遠。「平沙無垠，夐不見人。」

〔3〕宿霧：夜霧。晉陶潛《詠貧士》：「朝霞開宿霧，眾鳥相與飛。」

〔4〕太古；遠古，上古。《荀子・正論》：「太古薄葬，故不扣也。」

〔5〕畦徑：比喻常規。唐杜牧《〈李賀集〉序》：「賀能探尋前事，所以深歎恨今古
　　　未嘗經道者，如《金銅仙人辭漢歌》《補梁庾肩吾宮體謠》，求取情狀，離絕遠
　　　去筆墨畦徑間，亦殊不能知之。」

〔6〕三尺：引申為法則、準繩。沈德符《野獲編・詩曲・填詞名手》：「近沈寧庵吏
　　　部後起，獨恪守詞家三尺。」

〔7〕墮甑：見許及之《鄭文之許惠烏髭方戲簡》注〔2〕。

〔8〕宿契：大願，宏願。唐玄奘《大唐西域記・憍薩羅國》：「我求佛聖果，我學佛
　　　能捨，是身如響，是身如泡，流轉四生，往來六趣，宿契弘誓，不違物慾。」

〔9〕虎溪：在江西九江南廬山東林寺前。相傳晉慧遠法師居此，送客不過溪，過此，
　　　虎輒號鳴，故名虎溪。唐李白《廬山東林寺夜懷》詩：「霜清東林鐘，水白虎
　　　溪月。」

〔10〕略定：猶稍定。《後漢書・李通傳》：「時天下略定，通思欲避榮寵，以病上書
　　　乞身。」

趙南仲寄王樸畫貓犬戲為之賦〔1〕

　　　藍鬖兩狻猊〔2〕，胡為到庭戶。細觀畫手妙，模寫真態度。意足謝繁
筆，不待丹青污。亂掃腹背毛，頭足巧分布。尨也如愁胡〔3〕，眉攢眼
光注。豈惟足生犛〔4〕，垂耳紛敗絮。掉尾固自若，狸奴為驚瞿〔5〕。側
耳實畏之，沖目猶敢怒。誠知取形似，不吠亦不捕。對之輒一笑，聊用
慰沈痼。

〔校注〕

〔1〕趙南仲：趙葵（1186～1266），字南仲，號信庵。南宋後期名將、畫家，才兼
　　　文武，傳見《宋史》四一七。

〔2〕藍鬖（lán sān）：髮長貌。見《集韻》貢師泰詩：「客懷寥落鬢藍鬖」。狻猊（suān
　　　ní）：亦作「狻麑」。傳說中的一種猛獸，此處喻獅子狗。《爾雅・釋獸》：「狻麑
　　　如虦貓，食虎豹。」

〔3〕尨（máng）：犬之毛多者，俗稱獅子狗。愁胡：謂胡人深目，狀似悲愁。多用
　　　以形容鷹眼。漢王延壽《魯靈光殿賦》：「胡人遙集於上楹……狀若悲愁於危
　　　處。」晉孫楚《鷹賦》：「深目蛾眉，狀如愁胡。」

〔4〕氂（lí）：硬而捲曲的長毛。

〔5〕狸奴：貓的別稱。

戲贈張漢卿〔1〕

　　張侯理窟妙無窮〔2〕，雅謔於人亦有功〔3〕。渺渺江湖千萬頃，未聞餓死信天公。

〔校注〕

〔1〕張漢卿：生卒年不詳。宋桐城人。監興國軍管庫，與太守論事不合，即和陶潛歸去來辭歸隱，凡三十年，宰相趙汝愚特薦之，不起。

〔2〕理窟：義理的淵藪。謂富於才學。《晉書·張憑傳》：「帝召與語，歎曰：『張憑勃窣為理窟。』」

〔3〕雅謔：謂趣味高雅的戲謔。

病足戲效樂天體〔1〕

　　課得退連茹〔2〕，藥逢新太醫。居閑幸餘暇，養病任多時。步屧雖非便，調琴足自怡。曉來風雨急，高臥到晨炊。

〔校注〕

〔1〕樂天體：即「白樂天體」或「白體」。其以「通俗」「淺切」為特徵。

〔2〕連茹：語本《易·泰》：「拔茅茹以其匯，征吉。」王弼注：「茅之為物，拔其根而相牽引者也。茹，相牽引之貌也。」後因以「連茹」表示擢用一人而連帶起用其他人。唐劉長卿《落第贈楊侍御兼拜員外仍充安大夫判官赴范陽》詩：「念舊追連茹，謀生任轉蓬。」宋蘇軾《辭免翰林學士第二狀》：「如前所陳，實以勞舊尚多，必有積薪之誚；兄弟並進，豈無連茹之嫌。」

從子颭送梅枝戲作〔1〕

　　向來地暖見東嘉〔2〕，帶葉江梅殿歲華〔3〕。不似青春三月暮，南枝梅子北枝花〔4〕。

〔校注〕

〔1〕從子颭：樓颭，餘不詳。

〔2〕東嘉：浙江省溫州的別稱。宋陳叔方《穎川語小》卷上：「蓋郡有同名，以方別之。溫為永嘉郡，俚俗因西有嘉州，或稱永嘉為東嘉。」

〔3〕江梅：一種野生梅花。宋范成大《梅譜》：「江梅，遺核野生、不經栽接者，又名直腳梅，或謂之野梅。凡山間水濱荒寒清絕之趣，皆此本也。花稍小而疏瘦有韻，香最清，實小而硬。」

〔4〕南枝：《古詩十九首·行行重行行》：「胡馬依北風，越鳥巢南枝。」

戲和淳詩卷〔1〕

其一

琴弈心偏好，丹鉛手自磨。衰翁會同社，吾子挹餘波。歌動玉條脫〔2〕，酒傾金叵羅〔3〕。好為文字飲〔4〕，行樂未宜多。

其二

山色藍初染，湖光鏡始磨。竹梢輕墜雨，花片亂隨波。麈尾揮東晉〔5〕，龍舟弔汨羅〔6〕。莫愁春易老，暢飲一春多。

其三

澄江如練淨〔7〕，新月似鐮磨。老柳飄輕絮，良苗颭細波。歌聲追古郢〔8〕，詩價怯新羅〔9〕。到處還成醉，芳醪旨且多。

其四

暮年甘散誕〔10〕，壯志久消磨。自媿今摩詰〔11〕，誰憐老伏波〔12〕。清新慚庾信〔13〕，敏慧謝甘羅〔14〕。惟有詩情在，猶能益辦多。

〔校注〕

〔1〕和淳：詩人朋友，生平不詳。

〔2〕玉條脫：玉鐲。宋孫光憲《北夢瑣言》卷四：「宣宗嘗賦詩，上句有『金步搖』，未能對。遣未第進士對之。（溫）庭筠乃以『玉條脫』續也。」

〔3〕金叵羅：金製酒器。宋吳曾《能改齋漫錄·事實一》：「東坡詩：『歸來笛聲滿山谷，明月正照金叵羅。』」

〔4〕文字飲：謂文人間把酒賦詩論文。唐韓愈《醉贈張秘書》詩：「長安眾富兒，盤饌羅羶葷，不解文字飲，惟能醉紅裙。」

〔5〕麈尾：古人閒談時執以驅蟲、揮塵的一種工具。白居易《齋居偶作》詩：「老翁持麈尾，坐拂半張床。」

〔6〕汨羅：江名。湘江支流。在湖南省東北部。西流到湘陰縣北注入洞庭湖。戰國
　　　時楚詩人屈原憂憤國事，投此江而死。此處借指屈原。

〔7〕此句化用晉謝朓《晚登三山還望景邑》：「澄江淨如練。」

〔8〕古郢：楚國都城，在今湖北省江陵縣附近。

〔9〕新羅：即朝鮮。

〔10〕散誕：放誕不羈；逍遙自在。南朝梁陶弘景《題所居壁》詩：「夷甫任散誕，
　　　平叔坐談空。」

〔11〕摩詰：指唐王維。維字摩詰。

〔12〕伏波：東漢名將馬援名號。以「老當益壯」「馬革裹屍」而聞名。

〔13〕庾信：南北朝時期詩人、文學家。杜甫稱其詩「清新」「老成」。

〔14〕甘羅：戰國秦左丞相甘茂之孫，下蔡（今屬安徽）人。茂因向壽等人在秦王面
　　　前讒己，懼而逃齊，齊用為相，遂家於齊。茂死，甘羅年十二，事秦相文信侯
　　　呂不韋，曾以言激張唐相燕，又說趙得五城，秦封為上卿。

新闢門徑或謂太窄

　　門外頓空曠，雙眸豁太虛〔1〕。誰歟列佳樹，正爾對吾廬〔2〕。早歲
曾修業，衰年得定居。買鄰賢伯仲〔3〕，衣錦舊門閭。未辦三閒屋，先
栽數席蔬。歡娛戲萊服〔4〕，晨夕奉潘輿〔5〕。駟馬容雖狹，齋郎住有餘
〔6〕。床金知已盡〔7〕，瓶粟豈無儲。細草沿階嫩，新篁得雨初。竊希仁
者靜，未覺故人疏。晝永翻名畫，更長理舊書。何妨抱琴醉，盡好帶經
鉏〔8〕。夫耰同甘苦，兒孫共卷舒。眼花多掩卷，鬢雪不堪梳。少飲毋
求醉，徐行可當車。此生千萬足，祇願老樵漁。

〔校注〕

〔1〕太虛：天空。

〔2〕吾廬：陶潛《讀山海經》詩之一：「眾鳥欣有託，吾亦愛吾廬。」

〔3〕買鄰：謂擇鄰而居。《南史‧呂僧珍傳》：「初，宋季雅罷南康郡，市宅居僧珍
　　　宅側。僧珍問宅價，曰『一千一百萬』。怪其貴，季雅曰：『一百萬買宅，千萬
　　　買鄰。』」

〔4〕相傳春秋楚老萊子侍奉雙親至孝，行年七十，猶著五彩衣，為嬰兒戲。後因以
　　　「萊衣」指小兒穿的五彩衣或小兒的衣服。著萊衣表示對雙親的孝養。

〔5〕晉潘岳《閑居賦》：「太夫人乃御版輿，升輕軒，遠覽王畿，近周家園。體以行

和，藥以勞宣，常膳載加，舊痾有瘳。」後因以「潘輿」為養親之典。杜甫《奉
賀陽城郡王太夫人恩命加鄧國夫人》詩：「衛幕銜恩重，潘輿送喜頻。」

〔6〕宋代有嚴重的貪污受賄、賣官鬻爵的弊行。齋郎是太廟中掌管祭祀之官職，可
以出錢捐補，民間作舞嘲弄之。有舞者扮作齋郎模樣，甩袖扭身，動作滑稽可
笑。

〔7〕床金：唐張籍《行路難》：「君不見床頭黃金盡，壯士無顏色。」

〔8〕鉏，《攻媿集》作「鋤」，兩字古同。《漢書·兒寬傳》：「帶經而鉏，休息輒讀
誦。」後以「經鉏」為耕讀之典。

早起戲作

枕穩衾溫夢乍回〔1〕，閒居不怕漏聲催〔2〕。天明更欲從容睡，長被
孫兒惱覺來〔3〕。

〔校注〕

〔1〕枕穩衾溫：形容生活舒適安逸。

〔2〕漏聲：漏，指古代計時用的漏壺。漏聲，指銅壺滴漏之聲。杜甫《和賈舍人早
朝》詩：「五夜漏聲催曉箭，九重春色醉仙桃。」

〔3〕惱：引逗，撩撥。王安石《臨川集·夜直》詩：「春色惱人眠不得，月移花影
上欄干。」覺：睡醒。《莊子·齊物論》：「覺而後知其夢也。」此句云總是被
小孫子撩撥醒來。

午睡戲作

早起三朝當一工〔1〕，老來貪睡不相同。偶然一次五更起，卻用重眠
到日中。

〔校注〕

〔1〕三朝：謂三個早晨。唐李白《上三峽》詩：「三朝上黃牛，三暮行太遲。三朝
又三暮，不覺鬢成絲。」

病後戲作

河魚腹疾未全除〔1〕，一飯充饑不願餘。縱有珍羞難下箸，真成頓頓
食黃魚〔2〕。

〔校注〕

〔1〕河魚腹疾：見陳造《戲作》注〔3〕。

〔2〕黃魚：魚名。鱣的別名。《爾雅·釋魚》「鱣」，晉郭璞注：「鱣，大魚，似鱏而鼻短，口在頷下，甲無鱗，肉黃，大者長二三丈，今江東呼為黃魚。」唐杜甫《黃魚》詩：「日見巴東峽，黃魚出浪新。」

戲題龍眠馬性圖〔1〕

狗子已知無佛性〔2〕，馬又何曾有性來〔3〕。伯樂若來休著眼〔4〕，任它騏驥混駑駘〔5〕。

〔校注〕

〔1〕龍眠：宋代著名畫家李公麟的別號。公麟致仕後，歸老於龍眠山，自號龍眠居士。

〔2〕狗子：小狗，亦泛指狗。佛性：謂眾生覺悟之性。《涅槃經》卷二七：「我常宣說一切眾生悉有佛性。」

〔3〕有性：有佛性。指有佛性的眾生。與「無性」相對。《圓覺經》：「地獄天宮，皆為淨土；有性無性，齊成佛道。一切煩惱，畢竟解脫，法界海慧，照了諸相，猶如虛空。」

〔4〕伯樂：春秋秦穆公時人，姓孫，名陽，以善相馬著稱。喻指有眼力，善於發現、選拔、使用出色人才者。

〔5〕騏驥：駿馬。喻賢才。《晉書·馮素弗載記》：「吾遠求騏驥，不知近在東鄰，何識子之晚也！」駑駘：指劣馬。喻低劣的才能。《晉書·荀崧傳》：「臣學不章句，才不弘通……思竭駑駘，庶增萬分。」

戲作

二子為丞分越邑，女兒隨婿過江南。莫言屋裏成岑寂，匹似當初只住庵。

阿虞試晬戲作

阿虞匍匐晬盤中〔1〕，事事都拏要學翁〔2〕。最是傳家清白處〔3〕，不將雙手向頑銅〔4〕。

〔校注〕

〔1〕晬（zuì）盤：舊俗於嬰兒周歲日，以盤盛紙筆刀箭等物，聽其抓取，以占其將
　　　來之志趣，謂之試兒，也叫試晬、抓周。盛物之盤曰「晬盤」。

〔2〕挐（ná）：通「拿」。抓取。

〔3〕傳家：傳家事於子孫。《後漢書‧鄭玄傳》：「入此歲來，已七十矣。宿素衰落，
　　　仍有失誤，案之禮典，便合傳家。」李賢注：「傳家謂家事任子孫也。《曲禮》
　　　曰：『七十老而傳。』」

〔4〕頑銅：生銹的銅。梅堯臣《日蝕》詩：「不覺有物來晦昧，團團一片如頑銅。」
　　　蘇舜欽《覽照》詩：「一生肝膽如星斗，嗟爾頑銅豈見明。」

戲題十四絃〔1〕

　　十四朱弦欲動時，泛商流羽看瑤姬〔2〕。弦疏不隔如花面，聲急還同墮馬兒。溪蟹霜餘縈密網〔3〕，簷蛛雨後理輕絲。曲終勸客杯無算，一吐空喉醉不知〔4〕。

〔校注〕

〔1〕十四絃：特指十四絃「豎箜篌」。宋趙珙《蒙韃備錄‧燕聚舞樂》：「韃靼始起，
　　　地處契丹之西北族」，「國王出師則以女樂隨行，率十七八美女，板慧點多，以
　　　十四絃等彈《大官樂》等四，拍手為節。」宋吳自牧《夢粱錄‧伎樂》：「或彈
　　　撥十四絃。」

〔2〕瑤姬：女神名。相傳為天帝的小女，即巫山神女。泛商流羽：指樂音流轉。蘇
　　　軾《水龍吟‧贈趙晦之吹笛侍兒》詞：「嚼徵含宮，泛商流羽，一聲云杪。」

〔3〕密網：漢桓寬《鹽鐵論‧刑德》：「昔秦法繁於秋荼，而網密於凝脂。」後因以
　　　「密網」比喻繁苛的法令。

〔4〕空喉：形容酒醉嘔吐後喉間的輕快感。同時，又雙關十四絃「箜篌」。

酒邊戲作

　　未年六十已言歸〔1〕，七十重來自覺癡。未報君恩歸未許，樽前羞聽摸魚兒〔2〕。

〔校注〕

〔1〕未年：地支的第八位，屬羊。

〔2〕摸魚兒：詞牌名。原為唐代教坊曲名，後用為詞牌。本名《摸魚子》。雙調，
一百十六字，押仄聲韻。

戲詠戎葵簇成芍藥

回首向來婪尾春〔1〕，橫風吹盡已成塵。戎葵簇就誰嘗巧〔2〕，紅藥
當前太逼真。觀洧贈人迷冶子〔3〕，翻階得句誤詞臣。園丁妙手有如許，
猶勝隋園剪綵人〔4〕。

〔校注〕

〔1〕婪尾春：是芍藥的別名，創始於唐宋兩代的文人。婪尾是最後之杯，芍藥殿春
而放，因有此稱。

〔2〕戎葵：今蜀葵，花如木槿。嘗巧：謂試其技藝。《禮記・檀弓下》「以金為鈴，
且嘗巧於懿匠；剡木為舌，將託音於下人。」

〔3〕《漢書・地理志》謂之洧水。又洧盤，水名，出崦嵫。《屈原・離騷》「朝濯髮
乎洧盤。」冶子：同「野子」，指四處遊山玩水的人。

〔4〕隋園剪綵：據《資治通鑑》卷一百八十《隋紀四》載，隋煬帝築西苑，宮樹秋
冬凋落，則剪彩綢為花葉，綴於枝條，顏色褪去就換上新的，常如陽春。隋園，
隋代的宮苑，即西苑。

戲題膽瓶蕉〔1〕

垂膽新瓷出汝窯〔2〕，滿中幾莢浸雲苗。瓶非貯水無由罄，葉解流根
自不凋。露綴疑儲陶令粟〔3〕，風搖欲響許由瓢〔4〕。相攜同到綠天下〔5〕，
別是閩山一種蕉〔6〕。

〔校注〕

〔1〕膽瓶蕉：美人蕉的一種。根出土處特肥如膽瓶，因稱。宋范成大《桂海虞衡志・
志花》：「（紅蕉花）又有一種，根出土處特肥飽如膽瓶，名膽瓶蕉。」

〔2〕汝窯：北宋著名的瓷窯之一。窯址在今河南省臨汝縣境內，古代屬汝州，故名。
元祐初年曾繼定窯之後為宮廷燒製瓷器，與官窯、鈞窯、哥窯、定窯合稱五大
名窯。所產瓷器，胎骨深灰色，釉色近於雨過天青或淡白，釉汁瑩厚滋潤，或
有棕眼隱紋像蟹爪。亦指汝窯所產瓷器。

〔3〕陶令：指晉陶潛。陶潛曾任彭澤令，故稱。

〔4〕許由瓢：泛指隱者舀水的器皿。漢蔡邕《琴操・箕山操》：「許由者，古之貞固之士也。堯時為布衣，夏則巢居，冬則穴處，饑則仍山而食，渴則仍河而飲。無杯器，常以手捧水而飲之。人見其無器，以一瓢遺之。由操飲畢，以瓢掛樹。風吹樹動，歷歷有聲，由以為煩擾，遂取損之。」

〔5〕綠天：唐代書法家懷素的居所。在今湖南永州市東門外。宋陶穀《清異錄・綠天》：「懷素居零陵東郊，治芭蕉，互帶幾數萬，取葉代紙而書，號其所曰綠天庵。」

〔6〕閩山：在福建省林森縣城內西南隅。本名烏石山，唐改名閩山。烏石山與九仙山東西對峙。宋郡守程師孟又改名曰道山。

齒落戲作

　　零落殘牙齒，年來落欲空。得魚惟食凍，捨肉只餐蔥。休憶紅綾餤〔1〕，難吞栗棘蓬〔2〕。何須如劍樹〔3〕，始解振宗風。

〔校注〕

〔1〕紅綾餤（dàn）：同「紅綾餅餤」，古代的一種珍貴的餅餌。以紅綾裹之，故名。宋葉夢得《避暑錄話》卷下：「唐御膳以紅綾餅餤為重。昭宗光化中，放進士榜，得裴格等二十八人，以為得人。會燕曲江，乃令太官特作二十八餅餤賜之。盧延讓在其間。後入蜀為學士。既老，頗為蜀人所易。延讓詩素平易近俳，乃作詩云：『莫欺零落殘牙齒，曾吃紅綾餅餤來。』」

〔2〕栗棘蓬：栗樹之果實外殼多刺，喚作栗棘蓬。禪家喻指機語因緣、古人公案。

〔3〕劍樹：佛教語。劍輪地獄中的景象。見《長阿含經・地獄品》。唐司空圖《十會齋文》：「無緣則三道寶階，如登劍樹；有願則十方淨域，便越塵區。」《太平廣記》卷三八二引《冥報拾遺・裴則子》：「入見鑊湯及刀山劍樹，數千人頭皆被斬。」

西山僮老失牛求一言於邑宰數語代書〔1〕

　　一介扣門，尺書在手。不是長鬚饋鯉〔2〕，乃知中夜忘牛。拽杷牽犂，能耕百畝。披毛戴角〔3〕，方得五春。是何西山之餓夫，輒挽桃林之處士〔4〕。拽轉鼻孔，不解一鳴。剖破藩籬，已行十里。莫走溈山舊話，重修雪竇新圖〔5〕。解若庖丁，恐遭遊刃〔6〕。鄔如謝大，且自暖心。見角便知，必有伶俐衲子。驀頭徑取，更煩明正官司。

〔校注〕

〔1〕西山僅老：不詳。

〔2〕長鬚：長鬚舊時對奴僕之別稱。《稱謂錄》卷二十五《長鬚》：「《鶴林玉露》：
　　　楊誠齋退休南溪之上，老屋一區，僅蔽風雨，長鬚、赤腳才三四人。案，長鬚
　　　謂奴，赤腳謂婢。」

〔3〕披毛戴角：身上披毛，頭上戴角。指牲畜。

〔4〕西山餓夫：西山，指首陽山，今山西省永濟縣。此指伯夷、叔齊。桃林處士：
　　　牛的雅稱。桃林：古地區名。在今河南靈寶以西，陝西潼關以東地區。為周武
　　　王放牛處。《書·武成》：「偃武修文，歸馬於華山之陽，放牛於桃林之野，示
　　　天下弗服。」

〔5〕溈山舊話：靈祐喜歡水牯牛，百丈懷海禪師曾作一首禪詩送他，詩曰：「放出
　　　溈山水牯牛，無人堅執鼻繩頭；綠楊芳草春風岸，高臥橫眠得自由。」雪竇：
　　　寺名。在雪竇山。宋陸游《老學庵筆記》卷三：「雪竇在四明，與天童、育王
　　　俱號名剎。」

〔6〕庖丁：廚師。《莊子·養生主》：「庖丁為文惠君解牛。」

戲贈怡雲平老〔1〕

　　深山中拔出閒身，鬧市裏尋得靜處。相逢了白話三通〔2〕，那個是末
後一句。不因聞所聞而來，不為見所見而去。嶺上白雲君自怡〔3〕，何
時許得同龕住。

〔校注〕

〔1〕怡雲平老：法平，字無衡，號怡雲野人，參大慧宗杲，居天童寺時，人稱平書
　　　記。怡雲工文能詩，與當時的諸多士大夫都有交往，如陸游、史浩等人。

〔2〕白話三通：言老友相見，有說不完的話。

〔3〕嶺上白雲：陶弘景《詔問山中何所有賦詩以答》：「山中何所有，嶺上多白雲。
　　　只可自怡悅，不堪持寄君。」

送清道者住投子山〔1〕

　　一缽一衲，一丘一壑。非去非住，無相無作〔2〕。一腳踏著投子機，
不被傍人輕摸索〔3〕。

〔校注〕

〔1〕投子山:《安徽通志》云:投子山在桐城縣北二里,相傳三國吳魯肅有子投此
　　　為僧,故名。

〔2〕無相無作:指棄絕眾相,不事造作。

〔3〕佛教,約於唐開元年間(713～741)傳入桐城,當時縣境最大的佛寺城北投子
　　　寺,為唐大同禪師所建。明清時期,佛教興盛,廟宇遍及城鄉,一直延續至今。

戲題珪老借庵〔1〕

其一

莫道庵子是借底,只你也是借將來。勸君莫作來生債,盡底還他亦
快哉。

其二

不知當初問誰借,至今久假而不歸。畢竟還了方是了,卻須還我未
生時〔2〕。

〔校注〕

〔1〕珪老:即釋士珪(?～1146),字竹庵,成都史氏子。初依大慈宗雅出家,再
　　　師龍門佛眼遠。宣和中住和州天寧,靖康改元移廬山東林,以兵亂避地閩中乾
　　　元,紹興十二年詔開雁宕能仁,寺火復之,移住龍翔,十六年七月卒。姜特立
　　　亦有《借庵》詩。

〔2〕還我未生時:唐王梵志《道情詩》「我昔未生時,冥冥無所知。天公強生我,
　　　生我復何為?無衣使我寒,無食使我饑。還你天公我,還我未生時。」

題壁老笑庵

笑甚底,笑甚底,若要笑時笑殺你。說夢夢中〔1〕,洗泥泥裏。頭上
安頭〔2〕,以水濟水〔3〕。個個一般,滔滔皆是。我也要笑來,終不欲開
唇露齒。

〔校注〕

〔1〕說夢夢中:睡夢之中。南朝梁沈約《別范安成》詩:「勿言一樽酒,明日難重
　　　持。夢中不識路,何以慰相思。」

〔2〕頭上安頭：《五燈會元·夾山會禪師法嗣·洛浦元安禪師》：「今有一事問汝等：
若道這個是，即頭上安頭；若道不是，即斬頭求活。」意謂禪宗意旨應該頓悟，
一切思量分辨猶如「頭上安頭」都是累贅重複，多此一舉。後因以比喻累贅多
餘。

〔3〕以水濟水：在水中再加水。比喻雷同附和，於事無所補益。《左傳·昭公二十
年》：「君所謂可，據（梁丘據）亦曰可；君所謂否，據亦曰否。若以水濟水，
誰能食之？」

戲答益老寄方竹杖

瑞岩〔1〕益老寄方竹杖書云：不可削圓也。一笑。又舉大德拈起柱杖全得
這個力話，謂攻媿下語，下得一任提持，下不得奪卻。作麼生區處，快道，快
道。

家家竹杖只圓光〔2〕，此竹如何得許方。削得團欒無可笑〔3〕，驀然
奪去亦何妨。咄哉，得力處不在這個〔4〕。

〔校注〕

〔1〕瑞岩：浙江台州有瑞岩寺，福建福清亦有瑞岩寺。此應該是浙江台州之寺。

〔2〕圓光：「圓光」是與「方光」相對的一個概念。

〔3〕團欒：猶檀欒。竹秀美貌。亦用作竹的代稱。南朝宋謝靈運《登永嘉綠嶂山》
詩：「澹瀲結寒姿，團欒潤霜質。」

〔4〕得力：得其助力；受益。《史記·貨殖列傳》：「桀黠奴，人之所患也，惟刁間
收取，使之逐漁鹽商賈之利，或連車騎，交守相，然愈益任之。終得其力，起
富數千萬。」

戲和三絕

脫索〔1〕

纏縛千遭趁酒巡，環觀巧手競稱神。莫言名利如韁鎖，猛烈抽身亦
在人。

藏擫〔2〕

盡教逞技盡多般，畢竟甘心受面謾。解把人間等嬉戲，不妨笑與大
家看。

傀儡〔3〕

假合陰陽有此身〔4〕，使形全在氣和神。王家幻戲猶堅固〔5〕，線索休時尚木人。

〔校注〕

〔1〕脫索：魔術表演的一種。有單綁手脫索和雙人脫索等表演。

〔2〕藏擫（cángyè）：即藏擪，古代魔術的一種。變戲法。宋彭乘《墨客揮犀》卷八：「一日會宴齋宮，伶人有雜手伎號藏擪者在焉，丁顧夏曰：『古無詠藏擪詩，內翰可作一首。』英公即席獻詩曰：『舞拂桃珠復吐丸，遮藏巧伎百千般。主公端坐無由見，卻被傍人冷眼看。』」

〔3〕傀儡：即傀儡戲。民間藝術的一種，用木偶進行表演的戲劇，今通謂木偶戲。有布袋、提線、杖頭木偶等。表演時，藝人用線牽引木偶表演動作。據《封氏聞見記》載，唐大曆年間，有人「刻木為尉遲鄂公突厥鬥將之戲，機關動作，不異於生。」宋黃庭堅《涪翁雜說》：「傀儡戲，木偶人也。或曰當書魁礨，蓋像古之魁礨之士，彷彿其言行也。」

〔4〕假合：佛教語。謂一切事物均由眾緣和合而成，暫時聚合，終必離散。唐李白《與元丹丘方城寺談玄作》詩：「茫茫大夢中，惟我獨先覺，騰轉風火來，假合作容貌。」王琦注：「釋家以此身為地、水、火、風四大假合而成。」

〔5〕王家幻戲：王侯之家的魔術。

卷二十三

楊冠卿

楊冠卿（1138～1203後），字夢錫，江陵（今屬湖北）人。《宋史》無傳。嘗舉進士，曾知廣州；其官位不顯，以詩文遊各地幕府。與范成大、陸游等多有唱和。冠卿有《集句杜詩》，已佚。今錄戲謔詩 10 首。

冬半山間忽見桃花客云江梅已芳且約一笑花下

緣雲梯徑穿林麓，歲晚山寒風折木。司花為我發春妍〔1〕，繁紅幾樹驚愁目。有美人兮在空谷，似笑漫山總粗俗。淡煙疏雨羅浮村，萬里相將跨黃鵠〔2〕。

〔校注〕

〔1〕司花：《南部煙花錄》：「隋煬帝時，宮女有袁保兒者，顏色端麗，然頗有憨態。海中長洲進花一枝，香氣異常，著人衣袂，經月不減。其花年餘不萎謝，顏色如新。帝每輦，使袁保兒持此花以侍，號曰司花女。」宋人多用司花指花神。

〔2〕羅浮：唐柳宗元《龍城錄・趙師雄醉憩梅花下》：「隋開皇中，趙師雄遷羅浮。一日天寒日暮，在醉醒間，因憩僕車於松林間，酒肆旁舍，見一女人，淡妝素服，出迓師雄。」與語，但覺芳香襲人。至酒家共飲，有綠衣童子，笑歌戲舞。「師雄醉寐，但覺風寒相襲，久之東方已白，師雄起視，乃在大梅花樹下。後用羅浮吟詠梅花。相將：相與，一起。黃鵠：鳥名。《商君書・畫策》：「黃鵠之飛，一舉千里。」

古有採鞠茱萸篇而無一語及淵明長房舊事鞠茱於此其亦有憾矣乎九日戲為鞠茱補闕其體則準之簡文

其一

落英拾秋鞠，委佩紉芳蘭。〔1〕以其清且芬，可服仍可餐。吳茱味苦辛，奚亦登君盤。〔2〕囊紗縈臂玉，恍記汝南山。黃鵠招不來，仙子何時還。〔3〕

〔校注〕

〔1〕落英：落花。《楚辭·離騷》：「朝飲木蘭之墜露兮，夕餐秋菊之落英。」

委佩：恭敬貌。謂俯身行禮時佩飾拖垂至地。語出《禮記·曲禮下》：「立則磬折垂佩，主佩倚，則臣佩垂；主佩垂，則臣佩委。」鄭玄注：「君臣俛仰之節，倚謂附於身，小俛則垂，大俛則委於地。」

〔2〕自注：「茱萸」。　　吳茱：性溫味苦。在南方地區生長。重陽節人們有插茱萸的習俗。

〔3〕黃鵠：鳥名。漢江都王建女細君所作《黃鵠》歌。《漢書·西域傳下·烏孫國》：「昆莫年老，語言不通，公主（細君）悲愁，自為作歌曰：『……居常土思兮心內傷，願為黃鵠兮歸故鄉。』」唐杜甫《留花門》詩：「公主歌《黃鵠》，君王指白日。」後以「黃鵠」指離鄉的遊子。仙子：指王建女細君。

其二

紅塵著腳雙鬢斑〔1〕，折腰五斗真作難。巾車一去不復還〔2〕，歸臥柴桑紫翠間。東籬悠然見南山，欲辯忘言心自閒〔3〕。

〔校注〕

〔1〕紅塵：指繁華之地。南朝的徐陵《洛陽道》詩之一：「緣柳三春暗，紅塵百戲多。」

〔2〕巾車，《宋詩紀事補遺》作「巾束」。　　巾車：即「肩輿」，俗稱「轎子」。舊時的交通工具，方形、用竹子或木頭製成，外面套著帷子，兩邊各有一根杆子，由人抬著走或由驛馬駄著走。陶潛《歸去來辭》：「或命巾車，或棹孤舟。」柴桑：陶淵明故里，今江西。

〔3〕自注：「採菊。」　　陶潛《飲酒》詩之五：「採菊東籬下，悠然見南山。」

《三輔黃圖》載趙飛燕太液池結裾遊，宋公雞跖載飛燕太液池歸，風送遠曲，俱謂飛燕欲御風仙去。雜用古語戲題於後〔1〕

其一

飲飛挾宸舟，彩鷁粲雲母〔2〕。波涵太液秋，影動靈鼉吼〔3〕。觀雲棹水擷菱藻，馮夷擊鼓群龍趍〔4〕。飄飄仙袂隨風舉，帝憐飛燕結纓裾〔5〕。當時得意更深眷，承恩日在昭陽殿〔6〕。茲遊奇絕冠平生，三十六宮俱健羨〔7〕。

〔校注〕

〔1〕《三輔黃圖》：所記為漢代長安周圍三輔地區街市、閭咀、苑囿、池沼以及城闕、宮殿、宗廟、陵墓、倉庫、官署、明堂、辟雍等重要建築物的名稱、方位、制度間及周秦古蹟，記載詳備，是研究漢代長安城和關中歷史地理的重要資料。太液池：古代建在宮苑內或附近專為皇家遊玩的水面，稱太液池。漢代在長安城建章宮北（今西安市西北）始建太液池，亦稱蓬萊池。唐代太液池在長安城北大明宮。

〔2〕鷁：一種水鳥。古代常在船頭上畫鷁，著以彩色，因亦借指船。南朝梁劉孝綽《釣竿篇》：「釣舟畫彩鷁，漁子服冰紈。」

〔3〕靈鼉：即鼉龍。一種與鱷魚相似的動物，皮可鞔鼓。因借指鼓。《史記·李斯列傳》：「建翠鳳之旗，樹靈鼉之鼓。」趙飛燕：指漢成帝趙皇后。《漢書·外戚傳下·孝成趙皇后》：「孝成趙皇后，本長安宮人……學歌舞，號曰飛燕。」南朝宋鮑照《代朗月行》：「鬢奪衛女迅，體絕飛燕先。」

〔4〕馮夷：傳說中的黃河之神，即河伯。泛指水神。群龍：喻賢臣。《易·乾》：「見群龍，無首，吉。」《後漢書·郎顗傳》：「唐堯在上，群龍為用；文武創德，周召作輔。」李賢注：「群龍，喻賢臣也。」

〔5〕仙袂：留仙裙。《飛燕外傳》：「帝臨太液池，後歌歸風送遠之曲。帝以文犀簪擊玉甌。酒酣，風起，後揚袖曰：『仙乎仙乎！去故而就新乎。』帝令馮無方持後裾。風止，裾為之縐。他日，官姝或襞裙為縐，號留仙裙。」帝憐飛燕結纓裾：帝每憂輕蕩以驚飛燕，命做飛之士以金鎖纜雲舟於波上。每輕風時至，飛燕殆欲隨風入水，帝以翠纓結飛燕之裾。

〔6〕昭陽殿：趙昭儀的住所。她與趙飛燕一同進宮。入宮之後，也深得成帝的寵幸。趙飛燕被封為皇后時，她也被封為昭儀，居住在昭陽殿中。

〔7〕自注：「太液結裾遊。」　　三十六宮：極言宮殿之多。漢班固《西都賦》：「離宮別館，三十六所。」健羨：貪欲。《史記‧太史公自序》：「至於大道之要，去健羨，絀聰明，釋此而任術。」

其二

瑤池翠水波粼粼〔1〕，日暮寒生碧草春。阿嬌厭貯黃金屋，來歌送遠歸風曲〔2〕。仙乎去故而就新，歌聲嘹亮遏行雲〔3〕。黃鵠一去無消息，人間有情淚沾臆〔4〕。

〔校注〕

〔1〕瑤池：指皇帝宮苑中的池。

〔2〕《漢武故事》：「膠東王數歲，公主抱置膝上問曰：『兒欲得婦否？』長主指左右長御百餘人，皆云不用，指其女：『阿嬌好否？』笑對曰：『好，若得阿嬌作婦，當作金屋貯之。』長主大悅。」後句云：趙飛燕身輕若燕，能作掌上舞。漢成帝命令工匠打造了一隻精巧的水晶盤，讓趙飛燕在盤上跳《歸風送遠曲》舞。

〔3〕見上詩注〔5〕。亮遏行雲：使雲停止不前。形容歌聲響亮動聽。語本《列子‧湯問》：「薛譚學謳於秦青，未窮青之技，自謂盡之，遂辭歸。秦青弗止。餞於郊衢，撫節悲歌，聲振林木，響遏行雲。薛譚乃謝求反，終身不敢言歸。」

〔4〕自注：「歸風送遠曲。」

回紋四時〔1〕

其一

輕風透幕羅衾薄，滿萼嬌紅綴小桃。明月對愁縈錦字，斷弦空暗紫檀槽。

其二

冰盤瑩靜風簾闔，酪粉嘗殘日影曛。棱枕印紅斜玉頰，碧衫揎袖整輕雲〔2〕。

其三

紋簟浥香餘汗粉〔3〕，綠眉攢恨舊愁新。焚香夜拜初生月，暮色窗紗薄霧勻。

其四

　　霜驚葉落催寒曉，夢破人愁覺夜長。香暗折梅初點玉，鏡鸞呵手試新妝。

〔校注〕

〔1〕回紋：即迴文。正讀倒讀都成詩。

〔2〕衫，原作山，據文津本改。

〔3〕浥，原作挹，據文津本改。

琴久不作客問其故戲為說偈

　　昭琴不鼓任虧成，澤畔行吟且獨醒〔1〕。自信榮枯本同轍，誰云得喪有殊形。古今幾見桑田變，日月常循晝夜經〔2〕。去去來來祇如此，風前別調不須聽。

〔校注〕

〔1〕昭琴不鼓：《莊子·齊物論》：「古之人，其知有所至矣。……道之所以虧，愛之所以成。果且有成與虧乎哉？果且無成與虧乎哉？有成與虧，故昭氏之鼓琴也；無成與虧，故昭氏之不鼓琴也。昭文之鼓琴也，師曠之枝策也，惠子之據梧也，三子之知幾乎皆其盛者也，故載之末年。」成玄英疏：「姓昭，名文，古之善鼓琴者也。夫昭氏鼓琴，雖云巧妙，而鼓商則喪角，宮則失徵，未若置而不鼓，則五音自全。」　　「澤畔」句：《楚辭·漁父》屈原既放，遊於江潭，行吟澤畔，顏色憔悴，形容枯槁。漁父見而問之曰：「子非三閭大夫與？何故至於斯？」屈原曰：「舉世皆濁我獨清，眾人皆醉我獨醒。」

〔2〕桑田變：喻世事變遷頻繁或人世短。晉葛洪《神仙傳》卷七《麻姑》；「麻姑云『接侍以來，召見東海三為桑田。向到蓬萊，水又淺於往者會時略半也。豈將復還為陵陸乎？』方平笑曰『聖人皆言海中復揚塵也』。

王　炎

　　王炎（1137～1218），字晦叔，一字晦仲，號雙溪，婺源（今江西婺源）人。孝宗乾道五年（1169）進士。歷任臨江軍通判，知饒州、湖州，官至中奉大夫。與朱熹、姜夔有交往。所作詩文博雅精深，有《雙溪類稿》。今錄戲謔詩5首。

秀叔和章自言及再娶之事用元韻戲答之

　　寤寐閒思疇昔事，來往於懷日凡幾〔1〕。伯鸞不可無孟光，豈為青眉並玉齒〔2〕。阿咸今與我不同，蚩蚩得草魚得水〔3〕。流蘇帳暖雙杯行，春近梅妝香更清〔4〕。試唱劉郎竹枝曲，道是無晴還有晴〔5〕。長夜老夫方獨坐，手把楞伽對燈火〔6〕。

〔校注〕

〔1〕寤寐：醒與睡。常用以指日夜。《詩・周南・關雎》：「窈窕淑女，寤寐求之。」疇昔：往日，從前。

〔2〕伯鸞：漢代梁鴻的字。《後漢書・逸民傳・梁鴻》：鴻家貧好學，不求仕進。與妻孟光共入霸陵山中，以耕織為業。鴻為傭工，每食時，光必舉案齊眉，以示敬愛。夫婦相敬有禮。後因以「伯鸞」借指隱逸不仕之人。孟光：雖然貌醜，卻是古代賢妻的典型。青眉：用青黛畫的眉。玉齒：形容潔白美麗的牙齒。用來指代美人。

〔3〕阿咸：三國魏阮籍侄阮咸，有才名，後因稱侄為「阿咸」。宋蘇軾《和子由除夜元日省宿致齋》之二：「朝回兩袖天香滿，頭上銀幡笑阿咸。」蚩蚩：傳說中的一種異獸。《山海經・海外北經》：「（北海）有素獸焉，狀如馬，名曰蚩蚩。」

〔4〕流蘇：用彩色羽毛或絲線等製成的穗狀垂飾物。常飾於車馬、帷帳等物上。
　　梅妝：指梅花。

〔5〕劉郎：指劉禹錫。劉禹錫作《竹枝詞》「楊柳青青江水平，聞郎江上唱歌聲。
　　東邊日出西邊雨，道是無晴卻有晴。」竹枝詞：當時巴渝一帶的一種民歌。晴：
　　與「情」字諧音。

〔6〕楞伽：指《楞伽經》。佛教書籍。

池邊梅花一株盛開

其一

天外青鸞不復歸〔1〕，蕭蕭短髮日成絲。寒梅不管人憔悴，故著新花滿舊枝。

其二

老來裘褐怯風吹，難傍花邊把一卮〔2〕。嚼蕊嗅香清興在〔3〕，尚呵凍筆欲題詩。

〔校注〕

〔1〕青鸞：青鳥。借指傳送信息的使者。宋趙令時《蝶戀花》詞：「廢寢忘餐思想
　　徧。賴有青鸞，不必憑魚雁。」

〔2〕裘褐：泛指禦寒衣服。《晉書・郗超傳》：「且北土早寒，三軍裘褐者少，恐不
　　可以涉冬。」卮：古同「卮」，指一種古代酒器。

〔3〕嚼蕊：吹奏，唱歌。唐李商隱《柳枝》詩序：「柳枝，洛中里娘也……吹葉嚼
　　蕊，調絲擫管，作天海風濤之曲，幽憶怨斷之音。」

戲江子大〔1〕

莫年尚戀蛾眉斧，平日空談蠟腳禪〔2〕。應笑老夫甘寂寞，只將黃妳替嬋娟〔3〕。

〔校注〕

〔1〕江子大：名未詳，婺源人。陳定宇謂子大與朱文公、王雙溪遊，以詩唱酬。不
　　知子大，視二公，斯知子大矣。

〔2〕戀，王本作「念」。　　蛾眉斧：枚乘《七發》：「皓齒蛾眉，命曰伐性之斧。」
　　蠟腳禪：查慎行云「三字亦不知出處。」

〔3〕黃妳：妳，同「奶」。書卷的別稱。南朝梁元帝《金樓子·雜記上》：「有人讀
　　書握卷而輒睡者，梁朝有名士呼書卷為黃妳，此蓋見其美神養性如妳媼也。」
　　宋吳炯《贈劉羲仲》詩：「少日縈心但黃妳，暮年使鬼欠青奴。」宋林景熙《次
　　翁秀峰》詩：「黃妳秋燈餘舊癖，素侯野服拜新封。」

用元韻答子大

　　桃花映面方留詠，藤刺纏身始悟禪。短髮鏡中霜薄薄，修眉窗下月
娟娟。

袁說友

袁說友（1140～1204），字起岩，號東塘居士，建安（今福建建甌）人。早年治《周易》，孝宗隆興元年（1163）進士。官吏部尚書、同知樞密院事、參知政事。著有《東塘集》。今錄戲謔詩 1 首。

效東坡從歐陽公詠雪體不用鹽玉鶴鷺絮蝶飛舞為比不使皓白潔素等字

樓頭一夜寒聲促，但怪重衾慣藏六〔1〕。小窗起聽枯葉鳴，更覺凝寒透肌粟。乃知龍公修故事，幻作輕細巧翻覆。摶空積勢欺簷楹，過眼隨風滿坑谷〔2〕。雲濤衮衮浩無際，頃刻庭前三萬斛〔3〕。小山愛我已霜鬢，老盡蒼崖垂布瀑。兒童愛雪不愛身，堆削形模笑盈掬。風梢嫋娜困無奈，一一扶頭恣敲撲〔4〕。我來苕雪四寒暑，破漏憐渠數間屋。無人推戶起僵臥，漫把清風繼前躅〔5〕。寒爐夜撥終不焰，凍筆呵吟已先禿。人間憂樂有定分，鄰家乃奏琵琶曲。回飆落屑點翠袖，紛紛花映花奴肉〔6〕。杜陵老眼不禁寒，只有詩筒再三讀。請君早辦雪兒歌，喚取詩翁醉醽醁〔7〕。

〔校注〕

〔1〕藏六：龜遇危險，將頭尾和四足縮入龜甲中，謂之「藏六」，亦稱「龜藏」。喻才智不外露或深居簡出免招嫉惹禍者。

〔2〕摶空：盤旋於高空。簷楹：屋簷下廳堂前部的樑柱。

〔3〕衮衮：旋轉翻滾貌。《全唐詩》卷七八六載《姜宣彈小胡笳引歌》：「泛徽胡雁咽蕭蕭，繞指轆轤圓衮衮。」三萬斛：極言容量之多。古代以十斗為一斛，南宋末年改為五斗。

〔4〕敲撲：亦作「敲扑」，鞭打的刑具，短曰敲，長曰撲。亦指敲打鞭笞。

〔5〕前躅：前人的遺範。南朝宋謝靈運《撰征賦》：「欽仲舒之晬容，遵縫掖於前躅。」

〔6〕花奴肉：蘇軾《千秋歲（湖州暫來徐州重陽作）》：「坐上人如玉。花映花奴肉。」

〔7〕醹醁：亦作「醹淥」。美酒名。晉葛洪《抱朴子·嘉遯》：「藜藿嘉於八珍，寒泉旨於醹醁。」

辛棄疾

辛棄疾（1140～1207），字幼安，號稼軒，山東濟南歷城人。早年率眾抗金，曾生擒叛徒張安國南歸。後歷任建康通判、江陰簽判、廣德軍通判、江西提點刑獄以及湖南、江西、福建安撫使等職。曾上書《美芹十論》，不為朝廷採用。在江西鉛山、上饒賦閒二十年。晚年出任浙東安撫使和鎮江知府，不久被彈劾，鬱鬱而終。辛棄疾以詞著稱，是豪放詞派的代表，與蘇軾並稱「蘇辛」。有《稼軒詞》傳世。詩集《稼軒集》已佚，現存二卷。今錄戲謔詩 2 首。

有以事來請者效康節體作詩以答之〔1〕

未能立得自家身，何暇將身更為人〔2〕。藉使有求能盡與，也知方笑已生嗔。器纔滿後須招損，鏡太明時易受塵〔3〕。終日閉門無客至，近來魚鳥卻相親〔4〕。

〔校注〕

〔1〕康節體：邵康節，字堯夫，北宋哲學家。《宋史》入《道學傳》。有詩集《伊川擊壤集》，以詩為「道明」之具，論理為本，修辭為次。詩格淺近，自成一體。宋嚴羽《滄浪詩話》有「邵康節體」之稱。

〔2〕《孝經·開宗明義》：「立身行道，揚名於後世，以顯父母，孝之終也。」《正義》曰：「夫為人子者，先能全身，而後能行其道也。夫行道者，謂先能事親而後能立其身。」

〔3〕王通《止學·辯卷四》「物樸乃存，器工招損。」意謂得以長存的事物是樸實無華的，器具精巧華美容易招致損傷。

〔4〕《世說新語·言語》：「簡文入華林園，顧謂左右曰：『會心處不必在遠，翳然林水，便自有濠、濮間想也，覺鳥獸禽魚自親人。』」

戲書圓覺經後〔1〕

圓覺十二菩薩問，吾取一二餘鄙哉〔2〕。若是如來真實語，眾生卻自勝如來〔3〕。

〔校注〕

〔1〕《圓覺經》，大乘佛教重要經典之一，全名《大方廣圓覺修多羅了義經》。唐佛陀多羅譯。圓覺：直譯為圓滿的靈覺，其意與真如、佛性、一切法界、如來藏相同。

〔2〕十二菩薩問：十二菩薩，即《圓覺經》中所說文殊師利、普賢、普眼、金剛藏、彌勒、清淨慧、威德自在、辯音、淨諸業障、普覺、圓覺、賢善首等十二菩薩。十二菩薩參與如來平等法會，向大悲世尊發問，大悲世尊一一進行解答，即指此。

〔3〕如來：釋迦牟尼稱號中的一種。「如來」即從如實之道而來，開示真理的人。

蔡戡

蔡戡（1141～1182），字定夫，仙遊（今福建莆田）人，蔡襄四世孫。孝宗乾道二年（1166）進士。七年，詔試館職，授秘書省正字，歷知江陰軍、隆興府、明州、臨安府，權戶部侍郎。開禧初韓侂胄當國，遂請老，以寶謨閣直學士致仕。有《定齋集》《勸筋篇》等。今錄戲謔詩 6 首。

王東卿惠墨戲副之以詩因次韻謝之〔1〕

其一

戲拈禿筆聊復爾〔2〕，一翦吳淞半江水〔3〕。歸心已逐水東流，夢到家山四千里。

〔校注〕

〔1〕王東卿：王震，字東卿，汴京人。北宋宣和初年任太學官，南宋紹興初年任沅州（今湖南省芷江縣）太守。與陳與義友善，他們在太學時相識。

〔2〕杜甫《題壁上韋偃畫馬歌》：「戲拈禿筆掃驊騮，欻見騏驎出東壁。」戲拈，謂執筆輕鬆自如。聊復爾：謂姑且如此罷了。語見《晉書·阮咸傳》：「未能免俗，聊復爾耳。」

〔3〕吳淞：即吳淞江。古名松陵江，笠澤、吳江、松江，在江蘇省南部，上海市北部，與東江、婁江共稱「太湖三江」。

其二

枯槎怪石出天然，筆力挽回三百年。但見毫端侔造化，不知胸次蘊天淵。

其三

揮翰等閒遊戲爾，誰能十日畫一水。煙雲杳靄咫尺間，遠勢應須論萬里。

其四

玉篸羅帶故依然〔1〕，吏部文章二百年〔2〕。畫筆詩篇兩奇絕，正須妙手寫龍淵〔3〕。

〔校注〕

〔1〕玉篸：亦作玉簪。首飾，玉製的簪子。

〔2〕歐陽修《贈王介甫》：「翰林風月三千首，吏部文章二百年。」把王安石比作李白和韓愈。此指王東卿。

〔3〕龍淵：深淵。古人以為深淵中藏有蛟龍，故稱龍淵。

其五

軒冕倘來真漫爾〔1〕，穩泛瀟湘弄煙水〔2〕。憑君收入畫圖中，一抹雲山數千里。〔3〕

〔校注〕

〔1〕軒冕：古時卿大夫乘軒戴冕，後用以代指官位爵祿或顯貴的人。軒，古代的一種有同棚的車；冕，古代大夫以上的官戴的禮帽。《莊子·繕性》：「古之所謂得志者，非軒冕之謂也，謂其無以益其樂而已矣，今之所謂得志者，軒冕之謂也。」漫爾：不拘束，隨意。

〔2〕瀟湘：指湘江。因湘江水清深故名。《山海經·中山經》：「帝之二女居之，是常遊於江淵，澧沅之風，瀟湘之淵。」

〔3〕自注：東卿已有行色。

其六

近時畫手說超然，小景仍推趙大年〔1〕。誰識當家老摩詰，有如珠玉韞深淵〔2〕。

〔校注〕

〔1〕趙大年：即趙令穰，字大年，北宋汴京人氏，皇族，宋太祖趙匡胤五世孫，書畫家，善於描寫汀渚間的景色而著稱。

〔2〕《乾卦初爻訣二・其二》「玉韞石，珠藏淵。翼一旦上青天，名利須知有異
　　　緣。」良玉蘊藏在石中，珍珠深藏在深淵。會有見到天日的那一天，名利也
　　　會和你有令人驚奇的緣分。

游九言

　　游九言（1142～1206），初名九思，字誠之，號默齋先生，建陽（今屬福建）人。張栻弟子。舉江西漕司進士第一。歷古田尉，入監文思院上界，曾調全椒令，除淮西安撫機宜文字，尋知光化軍充荊鄂宣撫參謀官，未行，卒，贈直龍圖閣，諡文清。有《默齋遺稿》。今錄戲謔詩 1 首。

新作盆池戲書

　　瓦盆片石壘青蒼，興入湖山寄小窗。細看纖鱗無限樂〔1〕，不妨斗水學西江。

〔校注〕

〔1〕纖鱗：魚。晉左思《招隱》詩之一：「石泉漱瓊瑤，纖鱗或浮沉。」

曾　丰

曾丰（1142～1224），字幼度，號樽齋，撫州樂安（今江西）人。孝宗乾
道五年（1169）登進士。歷任永州教授、浦城縣令、德慶知府、湖南參帥、朝
散大夫等。曾與黃子由編《豫章乘》。著有《緣督集》。今錄戲謔詩2首。

三山寺戲堂頭僧

其一

竹不容塵入，山寧與俗交。開門懸梵偈，置榻解僧包。不見肘生柳
〔1〕，未聞頭戴巢。葛藤非我事，笑語浪相嘲。

〔校注〕

〔1〕肘生柳：形容人的生老病死。《莊子·至樂》：「支離叔與滑介叔觀於冥伯之丘，
　　　崑崙之虛，黃帝之所休。俄而柳生其左肘，其意蹶蹶然惡之。」王先謙集解：
　　　「瘤作柳，聲轉借字。」後以「肘生柳」比喻生死、疾病等意外的變化。

其二

晝熱催三伏，宵涼報五更。鐘鳴塵外響，犬吠世間聲。強聒蛙鳴雨，
譸張鳥噪晴〔1〕。黎明重睡熟，栩栩夢魂清。

〔校注〕

〔1〕譸（zhōu）張：鳥鳴聲。

趙 蕃

　　趙蕃（1143～1229），字昌父，號章泉，其先自鄭州徙信州玉山（今屬江西）。以廕補州文學，為太和主簿。受知於楊萬里，調辰州司理參軍，以與郡守爭獄罷。又受學於劉清之，清之守衡州，求監安仁瞻軍酒庫，至衡而清之罷，即丐祠從清之歸。理宗即位，以太社令召，不赴。後奉祠家居三十三年，年五十猶問學於朱熹。理宗紹定二年，以直秘閣致仕，同年卒，年八十七。諡文節。蕃以詩名，與韓淲（澗泉）並稱「二泉」。有《乾道稿》一卷、《淳熙稿》二十卷、《章泉稿》五卷。今錄戲謔詩 12 首。

近乏筆託二張求之於市殊不堪也作長句以資一笑

　　詩老作詩窮欲死，序詩乃得歐陽氏。序言人窮詩乃工，此語不疑如信史。少陵流落白也竄，郊島摧埋終不起〔1〕。是知造物惡鐫鑱〔2〕，故遣飢寒被其體。嗟我少小不解事，失身偶落翰墨裏。年來百念已灰滅，只有宿心猶在此。後來不作諸老亡，冥行恐墮澗谷底。雖云黃卷可尚友〔3〕，糟粕詎能臻妙理。率然有作每自厭，一紙真成再三毀。庶幾穮蓘望豐年〔4〕，亦學乘流到涯涘。那知事乃有大繆，藝未及成窮已至。皆言詩工固可俟，窮為先兆自應爾。坐茲不復置追悔，志在溫飽誠足鄙。玄泓管楮日相從〔5〕，固異小人甘若醴。楬來中書忽告老〔6〕，一朝左右手俱廢。嘲風詠月不耐聞，按圖姑聽求諸市。我詩縱不稱犀象，葦管雞毛那慣使。紛紛著墨與水浮，勢如絲亂安得治。戲題滿幾輒大笑，翻憶兒詩污窗紙。操舟無長病河紆，我詩固說當罪己。〔7〕又聞工欲善乃事，未有不先資利器。作箋搜乞累朋友，往往猶吾歟崔子。錦囊藤篋世不乏，鼠齧蟲攻誰料理。那知我輩有百艱，此事且然他可比。

〔校注〕

〔1〕杜甫曾經安史戰亂,李白也曾流放夜郎。郊、島皆喜為窮苦之詞,格調局促不伸。歐陽修《六一詩話》說:「孟郊、賈島皆以詩窮至死,而平生尤自喜為窮苦之句。」

〔2〕鐫鑱:雕鑿。《說郛》卷六五引宋宋汴《採異記·銘記》:「後列數樹如前者,其鐫鑱之工,妙絕於世。」

〔3〕黃卷:書卷。古時書籍用紙多呈黃色。

〔4〕穮(biāo)蓘:耘田除草。《左傳·昭公元年》:「譬如農夫,是穮是蓘,雖有飢饉,必有豐年。」杜預注:「穮,耘也;壅苗為蓘。」

〔5〕玄泓管楮:指筆墨。

〔6〕曷來:以來。中書:宋代的政事堂,亦直稱為「中書」。

〔7〕自注:僕舊詩云:我無操舟長,顧病河流紆。

戲呈喻叔奇丈〔1〕

平生喻工部,許我詩盟與〔2〕。邇來每見每匆匆,倚賴深春間歸路。問我自行何所去,告以吳門當小住。問公公有故人否,為我略營薪水助。欣然惠我書一紙,為我殷勤談所以。我云素書難送汝,並復因之陳觍骳〔3〕。公言於我則厚矣,楓落吳江自為累〔4〕。幸逃烏有一先生〔5〕,猶勝東城老居士。

〔校注〕

〔1〕喻叔奇:喻良能,字叔奇,號香山,義烏(今屬浙江)人。高宗紹興二十七年(1157)進士,補廣德尉。歷鄱陽丞、星源令,通判紹興府。孝宗乾道七年(1171),為建寧府學官。累官國子主簿,工部郎中、太常丞。出知處州,尋奉祠,以朝請大夫致仕。有《香山集》《忠義傳》等,均佚。清四庫館臣據《永樂大典》輯為《香山集》十六卷。

〔2〕詩盟:詩人的盟會。蘇軾有《答仲屯田次韻》:「秋來不見渼陂岑,千里詩盟忽重尋。」

〔3〕觍骳(wěi bèi):亦作「觍(觍)骳」。謂為人曲意依從,無骨氣。《金史·裴滿亨巨構等傳贊》:「巨構觍骳,賀楊庭骨鯁。」

〔4〕楓落吳江:《新唐書·文藝傳上·崔信明》:「信明蹇亢,以門望自負,嘗矜其文,謂過李百藥,議者不許。揚州錄事參軍鄭世翼者,亦驚倨,數摘輕忤物,遇信

明江中，謂曰：『聞公有「楓落吳江冷」，願見其餘。』信明欣然多出眾篇，世
翼覽未終，曰：『所見不逮所聞。』投諸水，引舟去。」後遂以「楓落吳江」借
指詩文佳句。宋辛棄疾《玉樓春》詞：「舊時『楓落吳江』句，今日錦囊無著處。」
亦省作「楓落」。宋陸游《秋興》詩：「才盡已無楓落句，身存又見雁來時。」

〔5〕烏有先生：漢司馬相如《子虛賦》中虛擬的人名。意為無有其人。

戲明叔〔1〕

　　晚食以當肉，故云巧於貧。我云未若子陳子，掛箔為圖能事新〔2〕。
剪刀不用求諸並，海圖波濤供補紉。我今非剪詎可坼，樹林樓閣相參陳。
君知人窮定何因，政坐百巧逢天嗔。天之嗔人或可恕，君更白取遮四鄰。
雖然我詩聊戲君，天生萬象孰主賓。渠如愛惜不我借，聽渠收捲藏箱巾。

〔校注〕

〔1〕明叔：即陳坦，明叔。畫家。從本詩和趙蕃《十二月一日同陳明叔修絕江遊古
　　城白泉》《留別陳明叔兼屬胡仲威五首》以及錢時《送陳明叔序》等詩文可知。

〔2〕掛箔為圖：掛簾為圖。

海監院惠二物戲答〔1〕

　　打粥泛邵州餅，候湯點上封茶〔2〕。軟語方爐活火〔3〕，清遊斷岸飛
花〔4〕。

〔校注〕

〔1〕海監院：監院，即監寺。名僧海的監寺。

〔2〕上封茶：湖南衡陽所產的名茶。張栻有《南嶽庵僧寄上封新茶風味甚高薄暮分
　　送韓廷玉李嵩老》詩。

〔3〕軟語：柔和而委婉的話語。

〔4〕清遊：清雅遊賞。斷岸：江邊絕壁。宋蘇軾有《後赤壁賦》：「江流有聲，斷岸
　　千尺。」

戲作梅花六言未就而得蘭一盆並頌之三首

其一

　　絕歎園林枯槁，頓驚溪谷精神。兩鬢我終如雪，數花渠可回春〔1〕。

其二

死欲千秋萬歲，生須四海九州。人裏封胡羯末〔2〕，詩中沈謝曹劉〔3〕。

其三

梅句商量未穩，蘭詩擁並人來。試問關山細雨，何如茅屋蒼苔。

〔校注〕

〔1〕渠：贛方言，他，她，它。宋朱熹《觀書有感》：「問渠哪得清如許，為有源頭活水來。」

〔2〕封胡羯末：《晉書‧王凝之妻謝氏傳》：「一門叔父，則有阿大、中郎，群從兄弟，復有封、胡、羯、末。」封謂謝韶，胡謂謝朗，羯謂謝玄，末謂謝川，都是他們的小字。後代因此稱頌別人兄弟優秀叫「封胡羯末」。

〔3〕沈謝曹劉：四人均為詩作大家。「沈」指南朝沈約，「謝」指南朝謝朓，二人均為永明體大家。「曹」指三國曹植，與其父曹操、其兄曹丕被稱為三曹；「劉」指東漢劉楨，建安七子之一，曹劉均為建安風骨代表人物。

張伯永和詩以僕送筍減於常年復用韻以調一笑〔1〕

其一

竹薄方思漸補鋤，筍時可得盡驅除。此生已負管城債，計且不悛真個疏。

其二

八珍既飽思持去，借問何如一饟嘗。筍例減常猶費說，可堪餘事極更張。

〔校注〕

〔1〕張伯永：生平不詳。詩人朋友。曾遊石洞書院。

戲呈盧老

曉起題詩硯欲冰，折梅還卻步凌兢〔1〕。不如納被蒙頭坐，坐到齋魚始一興〔2〕。

〔校注〕

〔1〕凌兢：形容寒涼。

〔2〕齋魚：寺廟魚池所養之魚。

僕有詩思成父輒知之而絕不肯道一語以二十八字戲贈〔1〕

詩情鬱鬱見鬚眉，何意君能輒識之。目擊道存真有得〔2〕，傍觀袖手豈非癡。

〔校注〕

〔1〕成父：名不詳。

〔2〕目擊道存：眼光一接觸便知「道」之所在。形容悟性好。

二十七日復雪用東坡《聚星堂雪》韻禁物體作詩約諸友同賦〔1〕

溫風忽來振柯葉，翻覆手間重變雪。天公作事豈容料，坐使南人驚曠絕。朝來送客到江滸，凍骨凜凜吹欲折。歸來席戶已迷漫，芋火撥殘灰沒滅。眼中所歷要摹寫，拙筆難書非被掣。叩門好事忽有餉，一盞徑能生臉纈〔2〕。昌黎詠雪故雄健，取喻未免收瑣屑。爭如歐蘇兩仙伯，一白解遮群醜擘。我今困客乃自困，韓非說難竟死說。戲詩還與作官同，大錯知合幾州鐵〔3〕。

〔校注〕

〔1〕東坡《聚星堂雪》：為蘇軾所創作的七言古詩。這首詩在形式上的特點是「禁體」，即序中說的「禁用體物語」。所謂「禁用體物語」，歐陽修的《雪中會客賦詩》的序說：「玉、月、梨、梅、練、絮、白、舞、鵝、鶴，銀等事，皆請勿用。」這並不是作者故意出難題，以便「於艱難中特出奇麗」。聚星堂是歐陽修守潁州時所建，是他晚年宴會賓客的地方。　　禁物體：即禁體詩，亦稱「白戰體」，是宋詩話批評家創造的一種避免模仿前人作品，要求詩人在語詞上有所創新的詩歌體裁。

〔2〕生臉纈：兩頰生紅暈。宋陸游有《居山》詩：「有酒作臉纈，無愁供鬢霜。」

〔3〕幾州鐵：蘇軾《贈錢道人》：「不知幾州鐵，鑄此一大錯。」《資治通鑒·唐紀·昭宗天祐三年》：「合六州四十三縣鐵，不能為此錯也。」唐朝末年，魏博節度使羅紹威擔心自己的衛隊會反他，於是派親信臧廷范去找親家梁王朱溫幫忙。朱溫趁女兒辦喪事之機，出兵把羅紹威的衛隊消滅，進而佔據魏州，羅紹威只好供應軍餉。

張　演

張演（？～1207），字季長，唐安（今四川崇州東南）人。孝宗隆興元年（1163）進士。乾道九年（1173）除秘書省正字，歷任夔州路轉運判官、提點利州路刑獄，知遂寧府。光宗紹熙二年（1191），主管建寧府武夷山沖祐觀。開禧三年卒。今錄戲謔詩1聯。

戲和陳齊正

醉餘釵擁橫枝睡，夢破香隨淺笑來。〔1〕

〔校注〕

〔1〕《愛日齋叢鈔》卷三引張演詠《梅》詩自序，《全宋詩》已收《梅》詩並序，三題未再錄出，此為別出。　　張季常演《賦梅》自序云：「余往歲和任子淵《梅花》詩，有云：『夢隨影瘦溪橫月，詩與香深竹擁門。』子淵喜曰：『新語也。』又和張惠之詩云：『有月嬋娟來伴住，無人寂寞為誰香。』薛元發屢相歎，曰：『清語也。』後在雙峰，戲和陳齊正詩云：『醉餘釵擁橫枝睡，夢破香隨淺笑來。』查元章偶見之，笑曰：『韻語也。』舉酒相飲。今十數年矣。子淵、元發、元章皆下世，今之悵然。久不復為梅賦詩，徘徊月庭，雙樹盛開，幽香襲人。偶成一章，刻琢之詞，不能復為子淵、元發所稱，而綺靡之習，亦不能復為元章所笑，老懷真如止水也。」詩曰：「向來懶不賦梅詩，禪榻忘機鬢已絲。月戶忽逢雙玉立，春風又見一年期。樓高縹緲明霜影，竹冷橫斜浸雪枝。尚笑閒塵除未盡，暗香猶著夢魂知。」

釋惠明

釋惠明，華亭縣普照寺僧，與道濟同時。能詩，因素風顛，人稱明顛。今錄戲謔詩 1 首。

手影戲

三尺生綃作戲臺〔1〕，全憑十指逞詼諧。有時明月燈窗下，一笑還從掌握來。

〔校注〕

〔1〕生綃：未漂煮過的絲織品。古時多用以作畫，因亦以指畫卷。

釋道濟

　　道濟（1148～1209），號湖隱，又號方圓叟，俗名李心遠，台州（在今浙江臨海）人。早年，落髮於杭州靈隱寺，後來搬進淨慈寺居住。平昔為人，不守佛門清規戒律，既要喝酒，又要吃肉，且行為舉止癲癲瘋瘋，人稱「濟癲」，尊稱「濟公」。今錄戲謔詩 1 首。

嘲靈隱寺印鐵牛〔1〕

　　幾百年來靈隱寺，如今卻被鐵牛閂。蹄中有漏難耕種〔2〕，鼻孔撩天不受穿〔3〕。道眼何如驢眼瞎〔4〕，寺門常似獄門關。冷泉有水無鷗鷺，空使留名在世間。

〔校注〕

〔1〕靈隱寺：在杭州西湖西北之北高峰下。晉咸和元年印度僧人慧理創建，慧理以為「佛在世日，多為仙靈之所隱」，因建寺名「靈隱」。唐會昌年間曾毀，五代時吳越國王錢俶命高僧王延壽主持擴建，規模宏大，盛極一時。該寺為我國禪宗十剎之一。寺前有飛來峰、冷泉亭等勝景，為西湖遊覽勝地。印鐵牛：靈隱鐵牛印禪師。

〔2〕有漏：梵文意譯，意指有煩惱，與「無漏」相對。凡因煩惱導致流轉於生死輪迴的一切現象，都稱為有漏、有漏法（法指現象）。

〔3〕鼻孔撩天：仰起頭來鼻孔朝天。形容高傲自大。

〔4〕道眼：超越世俗的眼光。

王　阮

　　王阮（？～1208），字南卿，德安（今屬江西）人。王彥傳之子，王韶曾
孫。少好學，尚氣節，常自稱將種。孝宗隆興元年（1163）進士，歷知濠州、
撫州等，因不齒韓侂胄所為，後歸隱廬山。詩出入蘇、黃，有《義豐文集》。
今錄戲謔詩1首。

余門羅雀久矣今日池內有鷗戲為小詩呈叔夏一首〔1〕

　　門冷人誰到，機忘物自知〔2〕。舊來羅雀地，今是狎鷗池〔3〕。身靜
紅塵遠，心閒白日遲。本來無事說，拈出戲為詩。

〔校注〕

〔1〕羅雀：形容門庭寂靜或冷落。叔夏：名不詳。作者朋友。

〔2〕機忘：忘機。道家語，意為消除機巧之心。常用以指甘於淡泊，忘掉世俗，與
　　　世無爭。

〔3〕狎鷗：《列子‧黃帝》：「海上之人有好漚鳥者，每旦之海上，從漚鳥遊，漚鳥
　　　之至者百住而不止。其父曰：『吾聞漚鳥皆從汝遊，汝取來，吾玩之。』明日
　　　之海上，漚鳥舞而不下也。」漚，同「鷗」。後以「狎鷗」指隱逸。有成語「鷗
　　　鷺忘機」。

葉　適

葉適（1150～1223），字正則，號水心。永嘉（今浙江溫州）人。孝宗淳熙五年（1178）進士第二名。歷仕於孝宗、光宗、寧宗三朝，官至工部侍郎、吏部侍郎兼直學士院。他力主抗金，反對和議。諡忠定。有《水心文集》等。今錄戲謔詩2首。

與英上人遊紫霄觀戲述短歌〔1〕

野水隨路曲，東風得木鳴。景物已和柔，川原倍敷榮。茂桑高既條，細草亦叢生。眷言雲外士〔2〕，及此塵中行。南臨大陂出，波面與心平。道旁古精廬，黃茅間荊榛〔3〕。會集傾遠村，裳衣自鮮明。銀釵插山丹〔4〕，歌笑喧嚶嚀〔5〕。何以勞比鄰，粗粆雜餦餳〔6〕。去年穀不飽，白骨今縱橫。等為造化役〔7〕，未究悲忻情〔8〕。歸來日已夕，舊徑成溝坑。大車者誰子，不寐方宵行。死魂未滿眉，擿埋將安程〔9〕。感此良自哂，抱穀非鸝鶊〔10〕。

〔校注〕

〔1〕紫霄觀：《乾隆浙江通志》卷二三三《寺觀》八：「桐廬縣：紫霄觀。《明一統志》：『在縣東儒學右。晉時郭文曾往來於此，既而白日上升，邑人因塑像建紫霄宮以奉祀之。』」

〔2〕眷言：亦作「睠言」。回顧貌。言，詞尾。《荀子·宥坐》引作「眷焉」。雲外士：仙境的人。

〔3〕荊榛，校本作「榛荊」。　　黃茅：一種植物，也指長有黃茅的荒冢。荊榛：猶荊棘。形容荒蕪。

〔4〕山丹：百合的一種。

〔5〕嚶嚀：亦作「嚶儜」。形容聲音清婉、嬌細。

〔6〕粔籹：漢族歲時傳統食品。古代又稱「寒具」，取寒日具用之意，今日「饊子」，是寒食禁火之目的絕妙佳品，後來成為民間常年的美食。餦餳：同「悵惶」。乾的飴糖。

〔7〕等為：為何。

〔8〕悲忻：亦為「悲欣」，悲傷與喜悅。

〔9〕擿埴（tīzhí）：擿：指點，接觸。埴：泥土。有成語「擿埴索途」盲人以杖點地探路。比喻暗中摸索。漢揚雄《法言·修身》：「擿埴索塗（途），冥行而已矣。」晉李贄注：「盲人以杖擿地而求道，雖用白日，無異夜行。」

〔10〕鸝鶊：黃鶯。

營師常秉燭為人說氣色戲成此絕

曙色熹微已出門〔1〕，掔浮熱眼相旁人。不如睡足朦朧起，留得沉光看本身。

〔校注〕

〔1〕熹微：光線淡弱貌。晉陶潛《歸去來兮辭》：「問征夫以前路，恨晨光之熹微。」

陳　藻

陳藻（1151～1225），字元潔，號樂軒。長樂（今福建）人，喬居福清（今屬福建），師事林亦之，學問該洽。家境貧寒，僅足自給。篤志於學，不求人知，終以窮死。學者私諡曰文遠。因其學行高潔，景定四年（1263），受其學生林希逸之請，宋理宗下詔贈其官為迪功郎。著有《樂軒集》。今錄戲謔詩9首。

自哂

自小何曾識帝鄉，姓名卻掛武林廂〔1〕。祝融今歲為災甚，亦費貲糧奔走忙〔2〕。

〔校注〕

〔1〕武林：杭州舊稱。

〔2〕貲糧：貲，通「資」，泛指錢財糧食。

道中戲嘲朱叔緯〔1〕

畏日在征途，心涼不知苦。青山千百態，相契無相忤。芒鞋有至貴〔2〕，道眼開方睹〔3〕。行行遂吾性，萬物與同祖。殺雞固不忍，從眾那得阻。嫩菜送香粳，頗覺清肺腑。同遊自疏懶，共飯何嗔怒。

〔校注〕

〔1〕朱叔緯：不詳。

〔2〕芒鞋：用芒莖外皮編織成的鞋，泛指草鞋。

〔3〕道眼：佛教語。指能洞察一切，辨別真妄的眼力。

自哂

且安愚分住天涯，休問明朝買馬回。濠上有人留此老，去年不到異鄉來。

戲題宏仲飲亭酒肆〔1〕

老去雖貧有酒壚，秫田自種暫時沽。閨中不解為慳婦〔2〕，猶問劉郎燕客無〔3〕。

〔校注〕

〔1〕宏仲：作者有《一古一律賀懶翁宏仲七十》詩，知其號懶翁。劉姓。安福（今江西吉安）人。紹興（1131～1138）間，在廬陵創建的竹園書院。見《江西通志》卷八一。

〔2〕慳婦：慳吝的婦女。

〔3〕劉郎：指宏仲。燕客：宴請賓客。

戲簡宏仲劉九丈

明月無長好，晴空有晦時。君家那與我，頭白似新知。

戲贈叔嘉〔1〕

七夕劉郎開小筵，細君重九病方痊〔2〕。如何依舊煩纖手，伏枕呻吟到冬首。乃知貴骨真柔弱，老夫此語非諧謔。劉郎他日有公廚〔3〕，節序無憂恣行樂。

〔校注〕

〔1〕叔嘉：即劉叔嘉。陳藻有《送劉叔嘉赴太學試序》及《中元連宿竹園劉叔嘉宅》詩。

〔2〕細君：古稱諸侯之妻。後為妻的通稱。

〔3〕公廚：管家的廚房。

丘景運生孫叔南生子戲贈以詩二首〔1〕

其一

齒序逢君我在前，小兒學語舌初便。如君未是生孫早，若比他人晚數年。

其二

兩人鄉曲是同年，行坐相推日月先。莫道丘公孫是女，林郎初畫洗兒錢〔2〕。

〔校注〕

〔1〕丘景運：興化軍莆田縣人。慶曆六年登進士第。叔南：林叔南。從本詩其二可知林姓。

〔2〕洗兒錢：洗兒時，親朋賜贈給嬰兒的錢。嬰兒生後三日或滿月時親朋會集慶賀，給嬰兒洗身，叫做「洗兒會」。

早梅開後寒日暗天各穿百孔於杖頭欲放一時之野眼戲題絕句跋其後〔1〕

夢中只是醒時魂，到老無他學著言。好句特然生夢裏〔2〕，醒時卻費斧斤痕〔3〕。

〔校注〕

〔1〕野眼：方言。謂注意力分散，眼看別處。

〔2〕特然：特別，特地。

〔3〕斧斤痕：以斧子修削。亦喻指過分雕琢。

卷二十四

徐　照

　　徐照（？～1211），字道暉，又字靈暉，號山民。永嘉（今浙江溫州）人。貧困不仕，患病早卒。徐照工於詩，為詩清苦，立意頗新，能道人所不道。與徐璣、翁卷、趙師秀並稱「永嘉四靈」。著作有《芳蘭軒詩集》。今錄戲謔詩 2 首。

玩月

　　初生如金鉤，將滿如玉盤。古人愛明月，月色疑可餐。賈島倚長杉，精魂化蟾間〔1〕。李白捉皓色，狂不如波瀾。何為梅山翁〔2〕，見月長興歎。月多照予愁，未久先掩關。

〔校注〕

〔1〕蟾間：蟾宮，月宮。神話傳說中月宮有一隻三條腿的蟾蜍，而後人也把蟾宮指月宮。

〔2〕梅山翁：徐照到了晚年，開始自稱「山翁」「梅山翁」或「梅山山翁」。

黃榦讀史戲呈劉正之〔1〕

　　君不見漢初曹相國，日飲醇酒不事事。相舍後園近吏舍，點吏醉呼不肯避。相國取酒飲園後，恨不呼吏與共醉〔2〕。又不見後來丙丞相，馭吏不畏丞相嗔。嗜酒酒翻車上茵，醉飽去爾何容身〔3〕。兩公一心相有漢，一夫見辱非吾患。但得時平酒價賤，從渠醉後來相慢。李斯逐客徒自尊〔4〕，東門黃犬還悲辛〔5〕。西曹地近不足貴，不過能污車上

茵。人言兩公固寬平，我謂兩吏非庸生。庸生無益兩丞相，故辱丞相成其名。至今漢家四百載，曹獨為冠丙有聲。劉侯劉侯汝太癡，世間曹丙能幾個。但知憤世快我意，醉語誰知官小大。卻來東屯起田舍，日與田翁相唱和。人道劉侯只是一醉人，誰知胸中自有渭與涇。一雙怪眼如老鷹，每於醉後白復青。劉侯藏鋒斂鍔莫妄用〔6〕，君家自是提兵冠多種〔7〕。

〔校注〕

〔1〕黃榦，字直卿，號勉齋，黃瑀第四子。宋紹興二十二年（1152）生。自幼聰穎，志趣廣遠。年十七，父歿。淳熙二年（1175），黃榦往見劉清之求學，清之奇其才，令從朱子授業。劉正之：字子正，臨江（今江西樟樹西南）人（《江西詩徵》卷一九）。與趙師秀同時。

〔2〕「君不見」六句：曹相國，西漢開國功臣曹參，劉邦稱帝後，賜爵平陽侯，並任命曹參為齊國相國。《史記卷五十四·曹相國世家第二十四》：擇郡國吏木詘於文辭，重厚長者，即召除為丞相史。吏之言文刻深，欲務聲名者，輒斥去之。日夜飲醇酒。卿大夫已下吏及賓客見參不事事，來者皆欲有言。至者，參輒飲以醇酒，閒之，欲有所言，復飲之，醉而後去，終莫得開說，以為常。相舍後園近吏舍，吏舍日飲歌呼。從吏惡之，無如之何，乃請參遊園中，聞吏醉歌呼，從吏幸相國召按之。乃反取酒張坐飲，亦歌呼與相應和。參見人之有細過，專掩匿覆蓋之，府中無事。」漢丞相蕭何死後，曹參繼任漢丞相，並遵照蕭何所制定的政策治理國家，舉事無所變更，一遵蕭何約束，「蕭規曹隨」傳為歷史佳話。而在相府中，曹參見別人有細小的過失，總是隱瞞遮蓋，因此相府中平安無事。

〔3〕「又不見」四句：丙丞相，丙吉，字少卿。魯國（今屬山東）人，西漢名臣，麒麟閣十一功臣之一。《漢書·卷七十四·魏相丙吉傳》：「吉馭吏嗜酒，嘗從吉出，醉嘔丞相車上。西曹主吏白欲斥之，吉曰：『以醉飽之失去士，使此人將復何所容？西曹但忍之，此不過污丞相車茵耳。』遂不去也。」丙吉沒有責怪車夫，車夫為邊郡人，熟悉邊事，後來為防務工作提出切實有用的建議。後遂以「吐茵」喻指醉後失誤或替人掩蓋過失。

〔4〕李斯逐客：李斯在秦王把客卿攆出秦國事件中上《諫逐客書》給秦王，最終使秦王取消了逐客令。

〔5〕東門黃犬：秦二世二年七月，丞相李斯因遭奸人誣陷，論腰斬咸陽市。臨刑謂
　　其中子曰：「吾欲與若復牽黃犬俱出上蔡東門逐狡兔，豈可得乎！」事見《史
　　記·李斯列傳》。後以「東門黃犬」作為官遭禍，抽身悔遲之典。

〔6〕藏鋒斂鍔：比喻不露鋒芒。鍔，劍刃。

〔7〕提兵：率領軍隊。冠豸：戴豸冠。即戴獬豸冠，古代御史所戴的帽子。

淳熙太學生

刺陳賈〔1〕

　　周公大聖獨遭謗〔2〕，元晦真賢亦被譏〔3〕。堪歎古今兩陳賈，如何都把聖賢非。〔4〕

〔校注〕

〔1〕宋李心傳《道明錄》：「晦庵先生祠命之未下也，時相先擢太府寺丞陳賈為監察御史。至是輪當面對，遂上此奏。時鄭丙為吏部尚書，亦上言：近世有所謂道學者，欺世盜名，不宜信用。遂有「道學」之目焉。」南宋寧宗慶元年間韓侂胄為了打擊政敵製造「慶元黨禁」事件。朱熹等人被以「道學」的罪名打成了「逆黨」。

〔2〕周公：西周初期政治家姓姬名旦，也稱叔旦。文王子，武王弟，成王叔。輔武王滅商。武王崩，成王幼，周公攝政。大聖：古謂道德最完善、智慧最超絕、通曉萬物之道的人。遭謗：受到誹謗。武王駕崩後，太子成王年幼，周公盡心輔佐，將周成王抱於膝上，朝見諸侯。當時其庶兄管叔、蔡叔圖謀不軌，但忌憚周公，於是在列國間散佈流言，說周公欺侮幼主，圖謀篡位。

〔3〕元晦：朱熹，字元晦，又字仲晦，號晦庵，晚稱晦翁，謚文，世稱朱文公。宋朝著名的理學家、思想家、哲學家、教育家、詩人，閩學派的代表人物，儒學集大成者，世尊稱為朱子。

〔4〕宋俞文豹《吹劍錄外集》：淳熙九年，晦庵為浙東提舉，按台州唐仲友不法。丞相王淮與唐姻故，使察院陳賈彈之，侍郎鄭丙目為偽學，遂以祠去。太學詩云云。

張 鎡

　　張鎡（1153～1221？）原字時可，因慕郭功甫，故易字功甫，號約齋。先世成紀（今甘肅天水）人，寓居臨安（現浙江杭州），卜居南湖。出身顯赫，為宋南渡名將張俊曾孫，劉光世外孫。其又是宋末著名詩詞家張炎的曾祖。隆興二年（1164），為大理司直。淳熙年間直秘閣通判婺州。慶元初為司農寺主簿，遷司農寺丞。開禧三年（1207）與謀誅韓侂冑，又欲去宰相史彌遠，事泄，於嘉定四年十二月被除名象州編管，卒於是年後。現存《南湖集》十卷。今錄戲謔詩 24 首。

冒雨往玉照堂觀梅戲成長篇〔1〕

　　幽人占斷煙波景，不但春風翠紅整。繞堂交互玉崚嶒〔2〕，月中日下光迷影。連年勾引客來看，傳得梅聲滿世間。西湖處士英爽在〔3〕，大叫稱屈撼天關。拜言臣生太清苦，孤山昏曉搜寒句。水邊籬畔識疏斜，若說栽梅臣實祖。五湖散人張志和〔4〕，讀霓不中原夫科〔5〕。門前水擅南湖號〔6〕，也種梅花數百窠。貪吟豈悟無閒字，置之度外猶餘事。掩臣梅譽最難堪，薦菊泉荒空廟祀。帝曰往哉女雨師〔7〕，張園梅開正及時。風標霧鎖兩旬日，今歲且使遊行稀。從來奇觀偏宜罕，何妨別具看（鮑校本作貪）花眼。不須緣木及守株，時來一釂玻璃盞。晴多每厭蜂蝶狂，妖濃不類南枝香〔8〕。未如就作水仙戲，水精纓佩鮫綃裳〔9〕。素鱗宮闕龍牙床〔10〕，瑤麟琪鳳森騫翔〔11〕。洗湔塵坌凝冰霜〔12〕，是名清淨富貴鄉。舉瓢無庸酌天漿，芳槽壓酒銀淋浪〔13〕。桃花流水名漸彰〔14〕，

一醉百榼嗤斗量〔15〕。和靖此樂恐未嘗，大癡小黠聲利場。得失分定休自忙，詩成鯉魚為傳將〔16〕。一閱嗔妒俱已忘，卻須信我計頗長。

〔校注〕

〔1〕玉照堂：宋張鎡堂名。以其堂周圍皆種梅，皎潔輝映，夜如對月，因名。康熙《仁和縣志》《古今圖書集成》載：玉照堂：「南宋張鎡，字功甫，張循王諸孫。淳熙乙巳，得曹氏荒圃於南湖之濱，有古梅數十，闢地十畝，移植成列。增取西湖北山別圃紅梅，合三百餘本，築堂數間以臨之。又夾以兩室，東植千葉白梅，西植紅梅，各一二十章。前為軒檻，如堂之數。花時，居宿其中，環潔輝映，夜如對月，因名曰玉照堂。」張鎡《玉照堂》詩「一棹徑穿花十里，滿城無此好風光。」可見當年盛況。

〔2〕峻嶒：山高聳重疊貌。

〔3〕西湖處士：北宋隱逸詩人林逋，號「西湖處士」又稱「和靖先生」。林為杭州錢塘人。結廬西湖之孤山，二十年足不及城市，種植梅花飼養仙鶴，終生未娶，人謂「梅妻鶴子」。有詠梅名句「疏影橫斜水清淺，暗香浮動月黃昏。」

〔4〕張志和：字子同，唐代婺州（今浙江省金華市）人，唐代詩人。唐肅宗時待詔翰林，曾經做過左金吾錄事參軍，後遭貶謫。被赦免後，隱居江湖，自號「煙波釣徒」。張鎡以張志和自比，但張志和十六歲明經及第，所以落第的顯然是張鎡自己。

〔5〕讀霓：據《南史·王筠傳》載，沈約曾拿自己《郊居賦》的草稿給王筠看，王筠朗讀到「雌霓連蜷」一句時，沈約「撫掌欣抃」，引為知音，因為霓字有平、入兩讀。王筠正確地讀出了入聲，說明他體察到了音韻學專家沈約的苦心。後以「讀霓」為知音韻之典。　　原夫科：「原夫」泛指「進士科」。五代王定保《唐摭言·輕佻》：「賈島不善程試，每自疊一幅，巡鋪告人曰：『原夫之輩，乞一聯，乞一聯！』」「原夫」本指程試律賦中所用的起轉語助詞。後因以「原夫輩」指文墨之士，多有自嘲之意。宋代文人多用此典。

〔6〕南湖號：詩人自指。其文集名《南湖集》。

〔7〕雨師：古代傳說中司雨的神。

〔8〕南枝：借指梅花。

〔9〕鮫綃：亦作「鮫鮹」。傳說中鮫人所織的綃。亦借指薄絹、輕紗。

〔10〕素鱗：白色的魚。亦用作魚的泛稱。

〔11〕騫翔：飛翔。騫，通「鶱」。

〔12〕洗湔：洗滌，清除。塵坌：灰塵，塵土。

〔13〕壓酒：米酒釀製將熟時，壓榨取酒。淋浪：流滴不止貌。

〔14〕桃花流水名漸彰：張志和《漁歌子・西塞山前白鷺飛》：「西塞山前白鷺飛，桃花流水鱖魚肥。」

〔15〕百榼（kē）：猶言很多杯酒。喻善飲。斗量：形容數量之多。

〔16〕鯉魚：即魚書。古代朝廷任免州郡長官時所賜頒的魚符和敕書。

戲贈楊伯時〔1〕

楊侯相逢復見寒梅開，鬢色不帶濃霜來。君居山縣適近我先壟〔2〕，夜半應望靈氣勃鬱纏崔嵬。去年竹寺傾樽罍，官來急救老眼饑。西樞相公喜人物〔3〕，搜材剔抉英雄窟。蒼松腴硬久陰崖，此亦鶡冠寧肯忽〔4〕。近聞一飯蒙異恩，快札好闕休馳奔，我詩安得達相門。春風後日自東起，太歲無緣只桃李〔5〕。

〔校注〕

〔1〕楊伯時：書畫收藏家。官至路分。家藏《蘭亭》定武《禊帖》。沈（揆）虞卿再題。

〔2〕先壟：祖先的墳墓。

〔3〕西樞：樞密院別稱。樞密使、副使或便稱西樞、贊西樞。宋宋敏求《春明退朝錄》卷下：「李西樞憲成為知制誥，尚衣緋，出守荊南，召為學士。」

〔4〕鶡冠：以鶡羽為飾之冠。武官或隱士之冠。

〔5〕盧仝詩：「太歲只遊桃李徑，春風不管歲寒枝。」

震澤戲書鵝鶴〔1〕

市梢茅廠三兩間〔2〕，旁有數鵝行復還。適從何來令威老〔3〕，矯首便覺高情閒。群鵝不度風姿少，罷亞相隨過汀草〔4〕。令威流盼略無言，寄與誰知自瀛島〔5〕。少焉戛然鳴一聲，豈暇更顧兒童驚。直上青天三萬丈，鵝在人間誇字樣。

〔校注〕

〔1〕震澤：湖名。即今江蘇太湖。

〔2〕市梢：市鎮街道的盡頭。

〔3〕令威：丁令威，古代神話人物。傳說其化作遼鶴飛回故鄉。晉陶潛《搜神後記・丁令威》：「丁令威，本遼東人，學道於靈虛山。後化鶴歸遼，集城門華表柱。時有少年，舉弓欲射之。鶴乃飛，徘徊空中而言曰：『有鳥有鳥丁令威，去家千年今始歸。城郭如故人民非，何不學仙冢壘壘。』遂高上衝天。」後常用以指重游舊地之人。詩文中亦比喻學道成仙或慨嘆人世滄桑。也作遼鶴等。錢鐘書《談藝錄》：「按《東軒筆錄》卷三，載丁晉公《移道州》詩曰：『九萬里鵬容（一作重）出海，一千年鶴許歸遼。』《五燈會元》卷十六載佛印比語亦曰：『九萬里鵬從海出，一千年鶴遠天歸。』」

〔4〕罷亞：稻名。

〔5〕瀛島：亦稱「瀛壺」。傳說中海上仙山名。即瀛洲。

浮庵潔疾戲呈

黃埃簸空吹赫日〔1〕，白鳥不度瘖蟬聲〔2〕。先生出門數有礙，陋巷糞壤愁逢迎〔3〕。家山望斷圍修竹，常說攜書伴鳴犢。心無揀擇自清涼，臭腐神奇總超俗〔4〕。

〔校注〕

〔1〕黃埃：黃色的塵埃。赫曰：紅日。

〔2〕瘖蟬：瘖，通「喑」。蟬的一種，指初不發音，及得寒露冷風乃鳴的蟬。明李時珍《本草綱目・蟲三・蚱蟬》：「未得秋風，則瘖不能鳴，謂之啞蟬，亦曰瘖蟬。」

〔3〕王日休《龍舒淨土文》：「人驟聞淨土之景象，多不信之，無足怪也。蓋拘於目前所見，遂目前所不見者，亦如此而已；且如陋巷糞壤之居者，安知有廣廈之清淨；小器藜藿之食者，安知有食前之方丈；弊篋錙銖之蓄者，安知有天府之充溢。」

〔4〕臭腐神奇：《莊子・知北遊》：「是其所美者為神奇，其所惡者為臭腐，臭腐復化為神奇，神奇復化為臭腐。故曰，通天下一氣耳。」意謂同一事物，其是非美醜，隨人之好惡而異。後以之謂化無用為有用；化廢為寶。

連日雪未能多曾無逸見惠二首遵歐蘇律禁體物語及用故事走筆次韻〔1〕

其一

鵲凍聽無語，鷗饑望不飛。從饒居士愛，亦自到園稀。入幕燈生暈，飄池水長肥。何能巧模寫，吟思欠幽微。

其二

待伴猶虛夜〔2〕，羞明或遇朝。但依歌袖舞，休向鬢絲飄。有句清堪比，令人意自消。暖寒林下具，相就可須招。

〔校注〕

〔1〕曾無逸：曾三聘，字無逸，臨江新淦人。宋乾道二年（1166）進士。

〔2〕待伴：亦作「待泮」。謂冰雪未融化。

冬至日曉雪庭桂一枝著花戲成長句

居士歸來百事嘉，木樨雪裏也開花〔1〕。麩金一掬枝頭小〔2〕，藥玉千溝屋上斜〔3〕。境界許奇非浪得，色香俱靜更何加〔4〕。高寒似我休拈出，微笑從來少作家。

〔校注〕

〔1〕木樨：同「木犀」。指木犀花。

〔2〕麩金：碎薄如麩子的金子。此比喻桂花。

〔3〕藥玉：石料經藥物煮煉後，色澤光潤，稱藥玉。可製成「藥玉船」即用藥玉製成之酒杯。

〔4〕靜，鮑校本作「盡」。

戲題

人前一語撞翻牆，直氣西秦本故鄉〔1〕。雪野射麇輕隊馬，杏園移象矮交床〔2〕。詩忙渴硯酒磨墨，睡足趄廊花奪香。矯揉盡歸官樣去，有時閒笑錯商量。

〔校注〕

〔1〕西秦：指關中陝西一帶秦之舊地。

〔2〕杏園：園名。故址在今陝西省西安市郊大雁塔南。唐代新科進士賜宴之地。交
　　床：胡床的別稱，一種有靠背、能折疊的坐具。

改舊詩戲成

　　不作新詩只改詩，當家功用亦幾希。全牛迎刃未能解〔1〕，六鶂遇風
先退飛〔2〕。欲脫規模還似舊，枉教軀幹不曾肥。何如盡付紅爐火，免
使群公說是非。

〔校注〕

〔1〕用「庖丁解牛」典。

〔2〕六鶂（yì）：鳥名。亦作「六鷁」。《史記》：「六鶂退蜚（飛），風疾也。」退飛：
　　謂鳥飛遇風而退縮不進。

戲呈鄭去華縣丞〔1〕

　　迭破當年御賜袍，飽看人釣六靈鼇〔2〕。行藏雖似少中節，識趣不妨
依舊高。入夢傅岩初豈意〔3〕，上書曼倩本徒勞〔4〕。浮生萬事天都了，
愛惜君才祝善刀〔5〕。

〔校注〕

〔1〕鄭去華：鄭伯英（1130～1192），字景元，又字去華，號歸愚翁。與兄伯熊齊
　　名。南宋溫州永嘉（治今浙江溫州）人，時人稱大鄭公、小鄭公。隆興元年（1163）
　　進士。生性剛直，自度不能俯仰於時，甫任秀州判官，遂以親老乞養奉祠。著
　　有《歸愚翁集》（《鄭伯英集》）。此詩雖曰「戲呈」，實能刻畫伯英本色。

〔2〕六靈鼇：神話中負載五仙山的六隻大鱉。

〔3〕入夢傅岩：傅岩之夢。指治理國政或指出任主持國政大臣。《史記·殷本紀》
　　載：「帝武丁即位，思復興殷，而未得其佐。武丁夜夢得聖人，名曰說。以夢
　　所見視群臣百吏，皆非也。於是乃使百工營求之野，得說於傅險中，是時，說
　　為胥靡（犯法服勞役的人），築於傅險。見於武丁，武丁曰：『是也。』得而與
　　之語，果聖人。舉以為相，殷國大治。故遂以傅險姓之，號曰傅說。」

〔4〕上書曼倩：東方朔，字曼倩，西漢時期著名的文學家。漢武帝即位，徵四方士
　　人。東方朔上書自薦，詔拜為郎。後任常侍郎、太中大夫等職。

〔5〕善刀：拭刀。《莊子·養生主》：「善刀而藏之。」陸德明釋文：「善，猶拭也。」
　　後用以指事前的準備。

戲題故袍

垂髫便衣綠荷衣〔1〕，兩見龍飛聖主時〔2〕。舉世恩榮俱合換，唯吾憂患只該披。〔3〕收藏盡好隨腰帶，提掇應堪傲鬢絲〔4〕。試使著來門外立，精神猶勝似鍾馗。

〔校注〕

〔1〕垂髫：指兒童或童年。髫，兒童垂下的頭髮。

〔2〕龍飛：比喻仕途得意。晉傅咸《贈何劭王濟》詩：「吾兄既鳳翔，王子亦龍飛。」

〔3〕自注：比以家難，故年限未及。

〔4〕提掇：整飭。言整理衣著。

戲效樂天體

去日不可再，來日焉可虛。直待百事足，漫把四大拘〔1〕。黃河幾曾清，白髮莫旋烏。全福貴安然，真樂難強圖。樸直自許我，才能不如渠。已盟方寸心〔2〕，免苦六尺軀。登臺值明時，擊壤容匹夫〔3〕。輕車歷野寺，小船泛晴湖。金鯽池內觀，白猿洞前呼。孤山未學林，長堤且懷蘇。珍實不滿器，醇醪只攜壺。更帶兩耳鐺，旋煮四腮魚。意均飽暖適，跡或升沉殊。達人曠大觀〔4〕，萬象歸一途。凡鼎雞變化，佛性狗有無。快答此話頭〔5〕，擬議計即疏。

〔校注〕

〔1〕四大：古稱大功、大名、大德、大權為四大。《晉書·忠義傳·王豹》：「明公挾大功，抱大名，懷大德，執大權，此四大者，域中所不能容。」

〔2〕方寸心：指心。心處胸中方寸間，故稱。晉葛洪《抱朴子·嘉遯》：「方寸之心，制之在我，不可放之於流遁也。」

〔3〕擊壤：古歌名。相傳唐堯時有老人擊壤而唱此歌。

〔4〕曠大觀：曠達觀。

〔5〕話頭：佛教禪宗和尚用來啟發問題的現成語句。往往拈取一句成語或古語加以參究。

三愛吟

　　有手須把酒，有口須吟詩。更留未老腳，上山當及時。我生除此百不愛，盡著餘年了三債。一歲縱教醉百回。三日始一眉頭開。百年藉使吟萬首，十日得三果何有。足健且長閒，當能遍岩藪〔1〕。君不見王逸少〔2〕，誓墓不出窮名山〔3〕，謂宜以樂終，不願縛足名宦間。又不見陶淵明，快飲不負頭上巾〔4〕，嗤笑魯中叟〔5〕，彌縫闕失成灰塵。又不見杜少陵，作詩饑凍猶忘愁，未得驚人句，自言到死不肯休〔6〕。人生三物間〔7〕，所願常周流。此身已復專林壑，賦詩飲酒須行樂。

〔校注〕

〔1〕岩藪：謂在野不仕。明張居正《徐存齋七十壽序》：「故廟廊亦仁，岩藪亦仁，匹夫匹婦與被其澤亦仁，一介不以取予亦仁，故常壽。」

〔2〕逸少：王羲之，字逸少。

〔3〕誓墓：《晉書·王羲之傳》：「時驃騎將軍王述，少有名譽，與羲之齊名，而羲之甚輕之，由是情好不協……述後檢察會稽郡，辯其刑政，主者疲於簡對。羲之深恥之，遂稱病去郡，於父母墓前自誓。」後因以「誓墓」稱去官歸隱。

〔4〕頭上巾：指陶淵明自己所戴的漉酒巾。《宋書·隱逸傳》載，淵明「值其酒熟，取頭上葛巾漉酒。畢，還復著之」。

〔5〕魯中叟：指孔子。晉陶潛《飲酒》詩之二十：「汲汲魯中叟，彌縫使其淳。」

〔6〕杜少陵：杜甫。自號少陵野老，世稱杜少陵。杜甫《江上值水如海勢聊短述》詩：「為人性僻耽佳句，語不驚人死不休。」

〔7〕三物：猶三事。指六德、六行、六藝。《周禮·地官·大司徒》：「以鄉三物教萬民，而賓興之。一曰六德：知、仁、聖、義、忠、和。二曰六行：孝、友、睦、姻、任、恤。三曰六藝：禮、樂、射、御、書、數。」

戲答客問

　　桂隱芙蓉盛，柴門日日開。若無詩與酒，不請看花來。

戲成白髮二首

　　其一

　　怕見人言老，梳頭夜二更。誰知燈燭夜，漏逗愈分明〔1〕。

其二

朝朝摘白髮，新生亦非黑。縱使白不生，禿翁還諱得〔2〕。

〔校注〕

〔1〕漏逗：間闊。宋陳亮《又癸卯通書》：「春間嘗欲遣人問訊，不果，漏逗遂至今日，良可一笑。」

〔2〕禿翁：貶指年老而無官勢的人。亦用以自嘲。《史記·魏其武安侯列傳》：「（武安）召韓御史大夫載，怒曰：『與長孺共一老禿翁，何為首鼠兩端！』」

戲仿韓致光體〔1〕

意懶風前側帽檐，落梅紅在麥修纖〔2〕。歸家說盡單行處，可奈溫香翡翠盦。

〔校注〕

〔1〕韓致光體：韓偓「香盦體」。

〔2〕落梅：即《梅花落》。古笛曲名。李白《司馬將軍歌》：「羌笛橫吹《阿㜷回》，向月樓中吹《落梅》。」麥修纖：手指細而長。

嘲蝶

柳外飛飛蛺蝶兒，惠風心性彩雲姿。終朝守定牆頭舞，不得鄰家一句詩。

紅佛見笑花

芳菲成夢雨廉纖，慰眼嬌紅敢浪嫌。不但瞿曇當發笑〔1〕，老夫初看亦掀髯。

〔校注〕

〔1〕瞿曇：一譯「喬答摩」。舊時因釋迦牟尼姓瞿曇，故常以瞿曇代表釋迦牟尼。

春雪阻觀梅花兩詩嘲之

其一

弄珠縈佩白衣仙〔1〕，遊戲塵寰占歲前〔2〕。卻被天公撒龍腦〔3〕，擁教無地著雲軿〔4〕。

其二

雨聲俄混雪聲乾，泥濘林堂一到難。藉使玉肌無凍粟，可能獨自過春寒。

〔校注〕

〔1〕弄珠縈佩：「漢皋解佩」之典。《文選·張衡〈南都賦〉》：「耕父揚光於清泠之淵，游女弄珠於漢皋之曲。」 李善注引《韓詩外傳》：「鄭交甫將南適楚，遵彼漢皋臺下，乃遇二女，佩兩珠，大如荊雞之卵。」

〔2〕遊戲塵寰：指玩世不恭，把人生作為遊戲的一種消極生活態度。明陳汝元《金蓮記·郊遇》：「百鍊中凡心俱淨，縱然遊戲塵寰，不落腥膻陷阱。」

〔3〕撒龍腦：以香薰手，或在地上邊散撒香末邊行走，稱為行香。歷史上不論皇家，還是佛道諸家都有行香的習俗。皇帝出行在路上散撒龍腦，佛家多以檀香散撒，道家則多用和以香藥的液體散撒，皆稱為行香。龍腦：李時珍《本草綱目》：龍腦者，因其狀加貴重之稱也。以白瑩如冰，及作梅花片者為良，故俗呼為冰片腦，或云梅花腦。

〔4〕雲軿（pēng）：雲軿為神話傳說中女仙人所乘的車。南朝梁簡文帝蕭綱《招真館碑》：「羽衣可服，雲軿易通。」見《全上古三代秦漢三國六朝文·全梁文》卷一三。唐顧況《梁廣畫花歌》：「王母欲過劉徹家，飛瓊夜入雲軿車。」見《全唐詩》卷二六五。

戲題重臺梅〔1〕

只將單萼綴層花，弱骨豐肌自一家〔2〕。載朵折來誰可稱，寶釵雙燕綠雲斜〔3〕。

〔校注〕

〔1〕重臺梅：複瓣的梅花。重臺，複瓣的花。唐韓偓《妒媒》詩：「好鳥豈勞兼比翼，異華何必更重臺。」前蜀毛文錫《月宮春》詞：「紅芳金蕊繡重臺，低傾馬腦杯。」

〔2〕弱骨豐肌：骨柔軟，喻梅花不爭競，不露鋒芒。《列子·湯問》：「柔心而弱骨，不驕不忌。」

〔3〕朵折，原作「幾朵」，據《永樂大典》二八一〇改。 綠雲：雙關。一指綠色的雲彩，多形容繚繞仙人之瑞雲。一指喻女子烏黑光亮的秀髮。唐杜牧《阿房宮賦》：「綠雲擾擾，梳曉鬟也。」

戲詠鹹蛤〔1〕

鹽作棲巢涕作脂，樽前風味不勝低。縱教一衲被雲水〔2〕，無奈胸中著淤泥。

〔校注〕

〔1〕鹹蛤：一種將蛤加工或醃製成的食品。

〔2〕雲水：雲水禪心，僧道雲遊四方，如行雲流水。

茂洪奉親攜妾遷新館戲贈〔1〕

巷居南北喜相依，不患逢秋得句稀。採擷正當黃菊早，登臨寧歎白雲飛。奉觴壽主歡宜洽，剪髮邀賓志莫違。從此維摩方丈室，散花香滿老萊衣〔2〕。

〔校注〕

〔1〕茂洪：不詳。詩人有《玉照堂次韻茂洪〈古梅〉》詩。

〔2〕散花：《維摩經‧觀眾生品》：「時維摩詰室有一天女，見諸大人聞所說說法，便現其身，即以天華散諸菩薩、大弟子上，華至諸菩薩即皆墮落，至大弟子便著不墮。一切弟子神力去華，不能令去。」老萊衣：《列女傳》：「老萊子孝養二親，行年七十，嬰兒自娛，著五色彩衣。嘗取漿上堂，跌撲，因臥地為小兒啼，或弄烏鳥於親側。」後常用之為孝養之詞。

趙師商

趙師商，伯泌子。太祖八世孫。嘗通判太平府。今錄戲謔詩 1 首。

嘲俠客

計拙難敷食與衣，惟將俠氣借相知。何如馮子歸彈鋏〔1〕，爭似毛生
立見錐〔2〕。清世翮翮誰是美〔3〕，塵寰碌碌已稱奇。有時舉翮連雲起〔4〕，
不比函關一隻雞〔5〕。

〔校注〕

〔1〕馮子歸彈鋏：馮諼彈鋏而歌。《戰國策‧齊策四》：食客馮諼初到孟嘗君門下時，
　　不被重視，於是就不斷地彈鋏（或彈劍）長歌。後來就用彈鋏或彈劍唱歌，比
　　喻在別人家裏作客，或抒寫懷才不遇的鬱悶之情。

〔2〕即「毛遂自薦」。《史記‧平原君虞卿列傳》：平原君曰：「先生處勝之門下幾年
　　於此矣？」毛遂曰：「三年於此矣。」平原君曰：「夫賢士之處世也，譬若錐之
　　處囊中，其末立見。今先生處勝之門下三年於此矣，左右未有所稱誦，勝未有
　　所聞，是先生無所有也。先生不能，先生留。」毛遂曰：「臣乃今日請處囊中
　　耳。使遂早得處囊中，乃穎脫而出，非特其末見而已。」平原君竟與毛遂偕。

〔3〕清世：太平時代。此處使用反話，「清世」應為「濁世」的反話。

〔4〕舉翮（hé）：展翅起飛。

〔5〕函關一隻雞：用「孟嘗君過函關」的典故來指雞鳴狗盜之輩。

孫應時

孫應時（1154～1206），字季和，號燭湖居士。紹興府餘姚（今屬浙江）人。師事陸九淵。孝宗淳熙二年（1175）進士，調台州黃岩縣尉。有惠政，提舉浙東常平，朱熹雅重之。歷泰州海陵丞、嚴州遂安令、常熟令。坐負倉粟三千斛，貶秩。開禧二年（1206），起為通判邵武軍，未及赴任而卒。著有《燭湖集》。今錄戲謔詩 3 首。

用韻戲簡叔〔1〕

平生習主簿〔2〕，涇渭極分明〔3〕。學道深忘味，能詩新有聲。弈寧論勝負，琴不計虧成。獨怕春宵鴈，南來動別情。

〔校注〕

〔1〕簡叔：趙彥侯，字簡叔，號東巖。居福州，魏王廷美八世孫。詩律琴趣妙絕一世，尤工草書。宋慶元元年（1195 年，或謂二年），賜進士及第，歷任常熟主簿、鄂州法曹、夔州錄事參軍。改任安溪知縣，後為紹興府判官，升惠州知州，視嶺海如內地，視少數民族如漢人，清儉節約，軍府充實。入朝任西外宗正，改任南外宗正，代理泉州知州，兼市舶提舉。下吏按舊例進獻市舶司寶玉，他責打小吏，退還珍寶。任饒州知州，未上任，改湖南提刑。寧宗親政後，彥侯代理帥府事務。他長期任職於外，為官近四十年，晚年歸家還要親自去買米才有飯吃。年七十一，無疾而終。著詩 50 餘卷。

〔2〕習主簿：習鑿齒，東晉襄陽（治今湖北襄樊）人，字彥威。世為鄉豪。少博學洽聞，以文筆著稱。初為桓溫從事，累遷別駕，善尺牘議論，其受器重。後忤

溫旨，左遷戶曹參軍。出為滎陽太守，時溫覬覦帝位，遂著《漢晉春秋》（一作《漢晉陽秋》），定漢為正統以裁抑之。太元四年（379）苻堅陷襄陽，素聞其名，與道安往迎，賜遺甚厚。晉復襄、鄧，欲徵典國史，會卒。有辯才。傳與道安作「四海習鑿齒，彌天釋道安」之佳對。有《習鑿齒集》。

〔3〕涇渭極分明：用涇河之水流入渭河時清濁不混來比喻界限清楚或是非分明，也用來比喻人品的清濁，比喻對待同一事物表現出來的兩種截然不同的態度。

黃岩鄭瀛子仙弱冠入太學五上書論時事以直聞於時老猶不衰客遊海陵館於余一月乃去作詩送之鄭方謀少官田故有章末之戲〔1〕

分手三年不易逢，一觴淮海酹西風。書生君獨憂當世，末路人誰識此翁。故國青山愁夜鶴，孤舟白髮映秋蓬。歸歟束縛公車疏，努力豚蹄祝歲豐。

〔校注〕

〔1〕鄭瀛：字子山，台州黃岩人。光宗紹熙元年（1190 年）特科进士，授監南嶽廟。因上書得罪，杖八十，下臨安贖。一吏人憫之，見其無錢，為代出錢贖之。朱熹與門人言及之此事。

五月末如鄞舟中戲作

七年不聽丈亭潮〔1〕，夢覺依然枕動搖。趁得晨鐘上西渡，不妨野飯向高橋。今年天故饒梅雨，是處人言好稻苗。慚愧鄞山最青眼〔1〕，迴環翠色總相招。

〔校注〕

〔1〕丈亭：寧波慈谿縣千年古鎮。夏侯曾先《會稽地志》載：「慈谿江（即前江）分流處，有石磯十七八丈，築方丈室其上，為老尉廨宇，舊曰丈亭，吳越錢氏改為上亭。」吳越歸附北宋後，又恢復舊稱丈亭，從此沿用至今。

〔2〕鄞山：在明州鄞縣（今寧波）境內。

劉　過

劉過（1154～1206），字改之，號龍洲道人。襄陽人，後移居吉州泰和（今屬江西）。四次應試，不中。一生力主抗金復國，以豪俠聞於世。曾為陸游、辛棄疾所賞識，亦與陳亮友善。詩詞均有名。有《龍洲集》《龍洲詞》。今錄戲謔詩1首。

三登徑山而雨或曰龍王相迎予笑而戲以詩〔1〕

細雨霏霏灑路塵，龍神有意迓佳賓。世間小節成姑息，盡念熬焦烈骨人〔2〕。

〔校注〕

〔1〕徑山：位於餘杭區境內，它是天目山山脈的東北峰，也是浙西最高峰。

〔2〕焦，《龍洲集》作「煎」。烈骨人：指性格火爆之人。

敖陶孫

　　敖陶孫（1154～1227），字器之，號臞翁，長樂（今屬福建，一云福清）人，自稱「東塘人」。寧宗慶元五年（1199 年）進士。曾任海門主簿、漳州教授等，後奉祠歸鄉。南宋著名學者、詩人兼詩論家。著有《江湖集》《臞翁詩評》等。今錄戲謔詩 5 首。

永嘉魏秘校訪僕蕭寺且言出處甚詳屬與余同客崑山使人不能無懷魏云欲還故鄉而吳中兒女森森如立竹矣因用所惠詩韻聊綴數語以塞來意韻長不復檃括賁客中一噱可也

　　陳侯一榻懸千古〔1〕，賤子何能望入府。門前誰者高榰具〔2〕，甚口美髯方快睹。裙衣新失大雪寺，告訴天吳煩拆補〔3〕。陰風立我鐵戶限，起到不供人笑侮。邇來稍挫牙角勇，一見何知肺肝吐。繪衣君欲試華蟲〔4〕，鶯領吾方愧桑扈〔5〕。新篇直欲命騷僕〔6〕，寸舌寧當下齊虜〔7〕。已從雁蕩歌貫休〔8〕，更向烏江憐項羽〔9〕。遙知筆下卷波瀾，乞與胸中洗塵土。魏侯魏侯聽我語，醉裏江山迭賓主。吳歌一聲落青蒲〔10〕，遮莫催歸啼杜宇〔11〕。江南江北知何許，萬水千山話僧廡。因君永嘉說謝客，南海維摩堪淚雨〔12〕。樽前卜試鸜鵒舞〔13〕，一哄從渠較鄒魯。

〔校注〕

〔1〕唐王勃《滕王閣序》：「物華天寶，龍光射牛斗之墟；人傑地靈，徐孺下陳蕃之榻。」追懷陳蕃禮賢下士之風。《後漢書‧徐稺傳》：徐稺字孺文，豫章南昌人也。家貧，常自耕稼，非其力不食。恭儉義讓，所居服其德。屢辟公府，不起。

時陳蕃為太守，以禮請署功曹，稚不免之，既謁而遇。蕃在郡不接賓客，唯稚來特設一榻，去則縣之。

〔2〕欂具：《漢書·雋不疑傳》：武帝末，郡國盜賊群起，暴勝之為直指使者，衣繡衣，持斧，逐捕盜賊，督課郡國，東至海，以軍興誅不從命者，威振州郡。勝之素聞不疑賢，至勃海，遣吏請與相見。不疑冠進賢冠，帶欂具劍，佩環玦，褎衣博帶，盛服至門上謁。門下欲使解劍，不疑曰：「劍者君子武備，所以衛身，不可解。請退。」顏師古注引晉灼曰：「古長劍首以玉作井鹿盧形，上刻木作山形，如蓮花初生未敷時。今大劍木首，其狀似此。」欂具，欂具劍，後作為學官的典故。蘇軾《次韻錢舍人病起》：「殿門明日逢王傅，欂具爭先看不疑。」

〔3〕天吳：水神名。《山海經·海外東經》：「朝陽之谷，神曰天吳，是為水伯。」《山海經·大荒東經》：「有神人，八首人面，虎身十尾，名曰天吳。」

〔4〕華蟲：雉的別稱。古代常用作冕服上的畫飾。

〔5〕《詩經·小雅·桑扈》：「交交桑扈，有鶯其領。君子樂胥，萬邦之屏。」

〔6〕命騷僕：奴僕命騷。唐杜牧《李賀集敍》：「『賀生二十七年死矣！世皆曰：使賀且未死，少加以理，奴僕命騷可也。』」後以此典形容才華出眾，詩文華美。

〔7〕齊虜：《史記·劉敬叔孫通列傳》載漢高祖劉邦發兵擊匈奴，齊人劉敬以為不可。高祖怒，罵劉敬曰：「齊虜！以口舌得官，今乃妄言沮吾軍。」後人詩文中因以「齊虜」指劉敬。

〔8〕貫休：晚唐詩僧。「雁蕩經行雲漠漠，龍湫宴坐雨濛濛。」據考此詩可能為最早描述雁蕩山景象的詩篇。

〔9〕烏江：水名。在今安徽省和縣東北。附近原有烏江亭，相傳為項羽兵敗自刎處。只此一句言及項羽與烏江，然詩中流露出當時所有愛國志士對於南宋國運的悲歎，並對那些為國捐軀而遭受朝廷當權投降派打擊的人，寄託了深重的哀思。

〔10〕吳歌：吳地之歌。亦指江南民歌。青蒲：即蒲草。水生植物。嫩者可食，莖葉可供編織蒲席等物。

〔11〕遮莫：亦作「遮末」。儘管；任憑。催歸：鳥名。子規，杜鵑的別稱。杜宇：傳說中的古代蜀國國王。傳說商朝時蜀王杜宇，號望帝，因水災讓位退隱山中，死後化作杜鵑，日夜悲鳴，淚盡繼而流血。

〔12〕維摩：維摩詰的省稱。

〔13〕鸓鶒舞：亦作「鸐鶒舞」。樂舞名。

再賦薄薄酒

　　薄薄酒，全吾天。醜醜婦，引吾年。敗繒粗布形骸便。辛勤著書塞屋椽，何如郭外二頃桑麻田。折腰斂板高鳶肩〔1〕，何如方床八尺供橫眠。左為劍鋩右鼎耳〔2〕，勸君卻步行相先。斗量明珠垺編錢，郿塢未就臍已燃〔3〕。十眉間坐爭連蜎〔4〕，絕纓滅燭薰腥膻〔5〕。農家醜婦眉半櫛，白頭惟有夫婿憐。勸君酒薄君勿嗔，尚方賜尊能殺人。力微覆餗有明誡〔6〕，食鮭三九元非貧〔7〕。酒不薄，人自薄。妻不惡，人自惡。不如濁酒三杯呼醜婦，共作原頭賽神舞〔8〕。

〔校注〕

〔1〕斂板：同「斂版」。古代官員朝會時皆執手版，端持近身以示恭敬。鳶肩：謂兩肩上聳，像鴟鳥棲止時的樣子。

〔2〕劍鋩：亦作「劍芒」。劍鋒。鼎耳：《書·高宗肜日》：「高宗肜日，越有雊雉。祖己曰：『惟先格王，正厥事。』」孔穎達疏：「高宗既祭成湯，肜祭之日，於是有雊鳴之雉在於鼎耳，此及怪異之事，賢臣祖己見其事而私自言曰：『惟先世至道之王遭遇變異，則正其事而異自消也。』」後因以「鼎雉」指災異的徵象。

〔3〕郿塢：《後漢書·董卓傳》：東漢初平三年，董卓築塢於郿，高厚七丈，與長安城相垺，號曰「萬歲塢」，世稱「郿塢」。塢中廣聚珍寶，積穀為三十年儲。自云：「事成，雄據天下；不成，守此足以終老。」後卓敗，塢毀。後因用以借指姦佞藏財享樂終老之所。臍已燃：漢董卓之事。卓殘暴專橫，被殺後屍於市。卓素充肥，「守屍吏然火置卓臍中，光明達曙，如是積日」。後遂以「臍燃」為元兇首惡斃命之意。

〔4〕「連蜎」應為「連娟」。司馬相如《上林賦》：「長眉連娟，微睇綿邈。」十樣宮眉：《海事碎錄》：「唐明皇令畫工畫《十眉圖》，一曰鴛鴦眉，二曰小山眉，三曰五嶽眉，四曰三峰眉，五曰垂珠眉，六曰月棱眉，七曰分稍眉，八曰涵煙眉，九曰拂雲眉，十曰倒暈眉。」泛指眾美女。

〔5〕絕纓：劉向《說苑·復恩》：「楚莊王賜群臣酒，日暮酒酣，燈燭滅，乃有引美人之衣者。美人援絕其冠纓，告王。……王曰：『賜人酒，使醉失禮，奈何欲顯婦人之節而辱士乎？』乃命左右曰：『今日與寡人飲，不絕冠纓者不歡。』」用以形容男女聚會，不拘形跡。

〔6〕覆餗：《易·鼎》：「鼎折足，覆公餗。」餗，鼎中的食物。覆餗，謂傾覆鼎中的珍饌。後因以「覆餗」喻力不勝任而敗事。

〔7〕《南齊書·庾杲之》載：南朝齊庾杲之為尚書駕部郎，家清貧，食唯有韭菹、
　　　生韭雜菜，人戲之曰「誰謂庾郎貧，食鮭常有二十七種。」三九二十七，音諧
　　　三韭。

〔8〕原頭：原野；田頭。賽神舞：謂設祭酬神。

續薄薄酒

　　薄薄酒，勝齋蔬。粗粗布，勝無襦。醜妻惡妾勝鰥孤。叱塗呵道驅
高車，何如醉歸連臂行相扶。巍冠束帶商唐虞〔1〕，何如北窗散髮擁腹
千爬梳。金樽瓦盆酒如一，食芹差可無雕胡〔2〕。名堯字孔相號呼，百
年螻蟻同丘墟〔3〕。朝為卿相暮匹夫，青黃早失溝中枯。錐利未必賢椎
愚〔4〕，左圓右方徒區區〔5〕。不如濁酒三杯對醜婦，荊釵布裙相媚嫵。

〔校注〕

〔1〕唐虞：唐堯與虞舜的並稱。亦指堯與舜的時代，古人以為太平盛世。

〔2〕雕胡：雕胡即指茭白，或茭白籽實。一種稱為「菰」的水生植物，果實就是「菰
　　　米」（雕胡米）。

〔3〕杜甫《謁文公上方》：「王侯與螻蟻，同盡隨丘墟。」高貴的王侯將相與低賤的
　　　螻蛄蝍蟻，都會死亡進入墳墓。說明人不論貴賤貧富，終是要死亡的。丘墟：
　　　墳墓。

〔4〕用「毛遂自薦」典。

〔5〕區區：愚拙；凡庸。

自笑

　　抱甕終焉與世迷〔1〕，斲輪久矣歎吾衰〔2〕。江南未必無佳士，海內
何由得二兒。不共施梁爭折角，卻思陶謝與同時。歌成未免傍人笑，農
馬雖專技已卑。

〔校注〕

〔1〕抱甕：傳說孔子的學生子貢，在遊楚返晉過漢陰時，見一位老人一次又一次地
　　　抱著甕去澆菜，「搰搰然用力甚多而見功寡」，就建議他用機械汲水。老人不願
　　　意，並且說：這樣做，為人就會有機心，「吾非不知，羞而不為也。」見《莊
　　　子·天地》。後以「抱甕灌園」喻安於拙陋的淳樸生活。

〔2〕斲輪：斲輪手，《莊子集釋》卷五《外篇・天道》。輪扁善斲輪，後遂以「斲輪
　　手」指經驗豐富、技藝精湛的人。後常喻指詩文等方面的高手。

為竹奴解嘲用山谷先生韻〔1〕

　　通身有眼更無腸，好上瞿庵師子床〔2〕。莫作綠衣顛倒想〔3〕，班姬
陳后兩淒涼〔4〕。

〔校注〕

〔1〕竹奴：古代消暑用具。又稱青奴、竹夫人。編青竹為長籠，或取整段竹中間通
　　空，四周開洞以通風，暑時置床席間。唐時名竹夾膝，又稱竹幾，至宋始稱竹
　　夫人。山谷先生：黃庭堅的別號。

〔2〕師子床：佛教中菩薩的坐席。也泛指殿堂中央尊者或參禪者的坐席。

〔3〕綠衣：《詩・邶風・綠衣》：「綠兮衣兮，綠衣黃裳。」相傳此係衛莊姜傷己之
　　詩。古人以黃為正色，綠為間色，間色為衣，黃色為裏，比喻尊卑倒置，貴賤
　　失所。後因以「綠衣」為正室失位的典故。

〔4〕班姬：指西漢女文學家班倢伃。名不詳。成帝時被選入宮，立為倢伃。後為趙
　　飛燕所譖，退處東宮，作賦自傷。成帝去世後，充奉園陵。陳后：漢武帝劉徹
　　的陳皇后阿嬌與衛子夫爭寵失敗後被廢。

陳文蔚

陳文蔚（1154～1247），字才卿，學者稱克齋先生，上饒（今屬江西）人。師事朱熹。嘗舉進士不第，講學鉛山，著書立言。其學以求誠為本，以躬行實踐為事。端平二年（1235），上其《尚書解注》，詔補迪功郎。著有《克齋集》十七卷。今錄戲謔詩 16 首。

程子雲欲還鄉阻雨聊戲之〔1〕

霏霏小雨釀梅黃，結束琴書底用忙。已幸一春鄰絳帳〔2〕，祇今十日是端陽。榴花照眼新篁翠〔3〕，盧橘盈盤煮酒香〔4〕。天識主人留客意，故教歸路滑羊腸〔5〕。

〔校注〕

〔1〕程子雲：不詳。

〔2〕絳帳：《後漢書·馬融傳》：「融才高博洽，為世通儒，教養諸生，常有千數……居宇器服，多存侈飾。常坐高堂，施絳紗帳，前授生徒，後列女樂，弟子以次相傳，鮮有入其室者。」後因以「絳帳」為師門、講席之敬稱。

〔3〕榴花：石榴花。照眼：猶耀眼。形容物體明亮或光度強。新篁：新生之竹。亦指新筍。

〔4〕盧橘：指枇杷。

〔5〕羊腸：喻指狹窄曲折的小路。

九月十一日挈浩同省先隴早起四山昏翳沖霧露涉水登山至山顛則日已東上澄空朗然下視村中霧猶蒙罩人煙桑柘皆不可辨戲成一絕

拄上高峰近日輪，四山端的見來親。此身已在煙霾上，可惜煙霾底下人。

讀書傅氏挹桂林外一山恍如徐子融書閣所見書閣見山之陰挹桂見山之陽戲成一絕呈子融〔1〕

自昔桂陽名此山，登樓恍若見林端。山中固有誅茅地〔2〕，卻許吾人背面看。

〔校注〕

〔1〕徐子融：即徐昭然，字子融，號潛齋，信州鉛山人。家居授徒，好佛老之說，與陳文蔚友善，常提燈攜劍夜訪克齋。淳熙十五年三月，受學朱熹於鉛山縣境永平驛，成為朱熹門人。後隨同往玉山，留止月餘。同年七月閉館散徒而同余大雅到五夫受學，次年在武夷精舍續學。朱熹稱其「志氣剛決，操守非他人所及，文章痛快直截，無支離纏繞之弊」。朱熹曾指出其認心為性近似佛氏的錯處。朱熹以其老成有守，欲延之家塾，為諸子師範。紹熙五年十一月十五日，朱熹罷侍講歸，子融與陳文蔚、黃子功護送朱熹自上饒到分水嶺，宿一宿。其於鵝湖寺旁結舍，聚徒講學。與陳文蔚過從甚密，陳文蔚曾書其遺事，介紹從學朱熹的經過。朱熹作《答徐子融》書四通，與其有書信往來。

〔2〕誅茅：亦作「誅茆」。芟除茅草。引申為結廬安居。

子融和答三首再用韻賦一絕以謝

登樓觸目皆詩料，難寫風煙盡筆端。不但綠陰晴後好，亦便山色雨中看。

傅材甫窗前白月桂開材甫索詩戲作〔1〕

其一

天然容貌本施朱，喜異羞同世不趨。化得丹砂成玉雪，也知人著半工夫。

其二

冰姿冷淡不求知，卻有同心爲賦詩。更約東君同管領〔2〕，一尊相對晚涼時。

〔校注〕

〔1〕傅材甫：傅傑（1167～1212），字才（材）甫，信州鉛山人。以父廕補吉州文學，爲南劍州順昌縣簿，秩滿，調常州比較務，以迎侍不便改撫州崇仁簿，久之，始參選得江陵府糧料院。嘉定五年卒，年四十六。《克齋集》有《祭江陵府糧料院傅材甫》《江陵府糧料院傅君墓誌銘》等文。

〔2〕東君：太陽。《史記・封禪書》：「晉巫，祠五帝、東君……先炊之屬。」司馬貞索隱引《廣雅》：「東君，日也。」

中秋雨作中夜月明余方叔留寓齋宿酒闌隨水縱步方叔有詩用韻同賦〔1〕

瓊樓玉宇不勝秋，把酒臨風味轉憂。雲雨自爲朝暮變，歌詩不盡古今愁。誰知明月天心到，卻有佳賓水際留。無限醉眠呼不醒，步隨清影只搔頭。

〔校注〕

〔1〕余方叔：即余大猷，生卒年不詳，字方叔，余良弼之子，大雅弟。信州上饒（今屬江西）人。與大雅同從朱熹學，有《書會通》（佚）等。事見《閩中理學淵源考》卷二十二、《宋元學案補遺》卷六十九小傳、《朱子門人》。

方叔再用前韻約同賦

坐談冰雪滿懷秋，珍重余君學素憂。每有詩情並酒興，爲平月恨與花愁。支頤萬事從渠變〔1〕，拂榻今宵爲我留。何處青山堪卜築〔2〕，約君歸種菊千頭。

〔校注〕

〔1〕支頤：以手托頰。

〔2〕卜築：擇地建築住宅，即定居之意。

趙河源幼子種蓮於盆池一幹開雙葉戲作小詩時河源二幼子一受命矣〔1〕

穉子堂前戲彩時，種蓮積水作盆池。間聞並蕚窺紅影，誰識雙柯媚綠漪。莫謂微荄無妙意，也知造物等兒嬉。看看膝下成雙綠，為應君家此段奇。

〔校注〕

〔1〕趙河源：不詳。

廬陵趙令君宅後有蓮濠月夕相拉觀蓮戲廬陵〔1〕

朱橋綠水夜深遊，滿載荷花萬斛舟。多病近來常止酒，及無尊俎欠風流〔2〕。

〔校注〕

〔1〕廬陵：廬陵郡，就是吉州（今江西吉安）。趙令君：令君，對縣令的尊稱。姓趙。

〔2〕尊俎：古代盛酒肉的器皿。尊，盛酒器；俎，置肉之几。常用為宴席的代稱。

廬陵呼酒再用韻

令君領客作清遊，蕭散仙人蓮葉舟。喚得酒來詩興發，浩歌和月吸黃流〔1〕。

〔校注〕

〔1〕黃流：指酒。《詩·大雅·旱麓》：「瑟彼玉瓚，黃流在中。」毛傳：「黃金所以飾流鬯也。」孔穎達疏：「釀秬為酒，以鬱金之草和之，使之芬香條鬯，故謂之秬鬯（jù chàng）。草名鬱金，則黃如金色；酒在器流動，故謂之黃流。」

池陽地寒梅開甚晚上元後始見疏花一夕春雪曉起觀梅為梅解嘲〔1〕

千林一夜散瓊瑰〔2〕，莫誚亭前春後梅。未入紛紛紅紫隊，不妨曾是雪中開。

〔校注〕

〔1〕池陽：古縣名。漢惠帝四年（公元前191年）置，因在池水之陽得名。治所在今陝西涇陽西北。

〔2〕瓊瑰：次於玉的美石。喻珍貴的贈物。

癸未二月廿五日訪周道人西庵戲題

道人邀我飯胡麻，半日清閒得遠家。多少欲來無路問，空於洞口覓桃花。

縱步過資福寺僧留飲出示淨度文三教一理論戲書時寺門桂花爛開〔1〕

一編淨度出玄文，因憩書窗醉酒尊。儒釋未須談一二，且於花下立黃昏。

〔校注〕

〔1〕資福寺：根據作者行蹤考察，可能為德清資福寺。

賦蕭爽薝蔔戲岩叟〔1〕

且喜花時雨不妨，憑闌閒與細平章〔2〕。一池交映月添白，六出同妍雪遜香。素有書癡緣病懶，不知詩興為渠忙。道人雅好惟清供，卻恐花神索酒觴。

〔校注〕

〔1〕薝蔔：梵語 Campaka 音譯。又譯作瞻卜伽、旃波迦、瞻波等。義譯為鬱金花。

〔2〕平章：品評。

岩叟約觀棲隱薝蔔雨阻和前韻送酒再用韻答之

暫輟書程業未妨，倚闌高誦杜陵章。不知雨意將詩意，但覺花香帶酒香。散破苦嫌饑雀下，爭喧閒看蜜蜂忙。也知棲隱如蕭爽，恨不花前共舉觴。

卷二十五

姜　夔

　　姜夔（1155？～1208，1220，1221），字堯章，號白石道人，鄱陽（今屬江西）人。後移居湖州（今浙江吳興）。一生未仕，布衣終生，遊幕於江浙、皖一帶，與千岩老人蕭德藻、范成大、楊萬里以詩相交往，個性狷介，不流於俗。其詩初學黃庭堅，後深造自得。尤以詞著稱，精音律，能自度曲。又擅長書法。有《白石道人歌曲》《白石道人詩集》《白石道人詩說》等。今錄戲謔詩1首。

嘲林可山稱和靖七世孫〔1〕

　　和靖當年不娶妻〔2〕，因何七世有孫兒。若非鶴種並龍種，定是瓜皮搭李皮〔3〕。

〔校注〕

〔1〕《全宋詩訂補》按：《隨隱漫錄》此詩署名姜石帚，《梅磵詩話》卷中謂林可山於理宗朝上書言事，自稱為和靖七世孫，冒杭貫取鄉薦。時有無名子作詩嘲之云云。查韓淲詩注中多次提及姜已下世，是姜夔卒年顯在韓淲卒年之前。韓氏卒於寧宗十七年（1224），未及活至理宗朝，姜夔更不及見理宗朝事。理宗朝寫嘲林詩的姜石帚與姜白石顯非同一人。存疑，暫繫白石名下。

〔2〕和靖：宋詩人林逋，號「西湖處士」，又稱「和靖先生」。杭州錢塘人。結廬西湖之孤山，二十年足不及城市，種植梅花飼養仙鶴，終生未娶，人謂「梅妻鶴子」。

〔3〕瓜皮搭李皮：亦作「瓜皮搭李樹」。宋時俗語。喻強拉親族關係。元韋居安《梅
　　磵詩話》卷中：「泉南林洪，字龍發，號可山，肄業杭泮，粗有詩名。理宗朝
　　上書言事，自稱為和靖七世孫，冒杭貫，取鄉薦。刊中興以來諸公詩，號《大
　　雅復古集》，亦以己作附於後。時有無名子作詩嘲之曰：『和靖當年不娶妻，只
　　留一鶴一童兒，可山認作孤山種，正是瓜皮搭李皮。』蓋俗云以強認親族者為
　　瓜皮搭李樹云。」

任希夷

任希夷（1156～1234?），字伯起，號斯庵，祖籍眉州（今四川眉山），徙居邵武（今屬福建）。任伯雨曾孫。孝宗淳熙二年（1175）進士。調建寧府浦城簿，蕭山丞。累遷兵部侍郎，禮部尚書兼給事中，簽書樞密院事，參知政事，出知福州。卒諡宣獻。著有《斯庵集》，已佚。今錄戲謔詩1首。

中澣西湖之集斯遠有詩輒奉同遊一笑

志士不厭朝市喧，幽人終愛山林靜。一生遑遑為斗食〔1〕，匪石有懷徒耿耿。今朝結客來西湖，翛然會心塵慮屏〔2〕。珠宮貝闕同天遊〔3〕，閬風玄圃非人境〔4〕。留連山色即傳觴，眷戀柳陰還繫艇。諸公湖海氣不除，萬里昂昂羽毛整〔5〕。豈但笑語同娛嬉，正須礱石相箴警〔6〕。東坡仙去今幾時，寥落風煙誰與領。浪言夏日如許長，樂哉未央等俄頃。不堪歸騎催入關，清夢猶應在雲嶺。

〔校注〕

〔1〕斗食：謂生活清貧。

〔2〕翛然：無拘無束貌；超脫貌。

〔3〕珠宮貝闕：即貝闕珠宮。指用紫貝明珠裝飾的龍宮水府。亦喻指瑤臺仙境或帝王宮闕。

〔4〕玄，《斯庵集》作「元」。　　閬風：即閬風巔。傳說中神仙居住的地方，在崑崙之巔。玄圃：傳說中崑崙山頂的神仙居處，中有奇花異石。

〔5〕昂昂：高仰貌。

〔6〕樂，《斯庵集》作「藥」。　　樂石：《古文苑·李斯〈嶧山刻石文〉》：「今皇帝
　　壹家天下，兵不復起⋯⋯群臣頌略，刻此樂石，以著經紀。」章樵注：「石之
　　精堅堪為樂器者，如泗濱浮磬之類。」原指可製樂器的石料，因《嶧山石刻文》
　　用此石鐫刻，後以之泛指碑石或碑碣。箴警：規諫警戒。

曹彥約

　　曹彥約（1157～1228），字簡甫，號昌谷，南康軍都昌（今江西都昌）人。孝宗淳熙八年（1181）進士。歷官隆興府知府、江西安撫使、戶部侍郎，後改任福州知府、潭州知府。理宗即位後，擢任兵部侍郎兼國史院修撰國史，後兼侍讀，遷禮部侍郎，加寶謨閣直學士。賜諡文簡。著有《昌谷類稿》《昌谷集》《經幄管見》等。今錄戲謔詩9首。

水北民家窗間有題「夜深短檠燈，功名平生心」者，戲成平側詩二首〔1〕

其一

詩書窮年燈，功名平生心。辛勤鶯遷喬，哀鳴猿投林〔2〕。蘭膏誰為容，朱弦無知音。安能如蜉蝣，隨時安其陰。

其二

竹外兩縣境，水北一草舍。蔀屋日見斗〔3〕，韞櫝玉待價〔4〕。禍福自倚伏，得失忽晝夜。子盍去墨守，我亦入遠社。

〔校注〕

〔1〕短檠燈：矮架的燈。

〔2〕投林：謂鳥獸入林。借喻棲身或歸隱。《晉書·文苑傳·李充》：「窮猿投林，豈暇擇木！」

〔3〕蔀屋：草席蓋頂之屋。泛指貧家幽暗簡陋之屋。

〔4〕韞：蘊藏；櫝：木匣子。謂把玉藏在匣子裏，等待高價出售。比喻懷才待用或懷才隱退。語出《後漢書‧張衡傳》：『且韞櫝以待價，踵顏氏以行止。』

陪漕使春日吳江之集戲贈元理森父〔1〕

垂虹夜吸吳儂水〔2〕，畫鷁朝飛張翰里〔3〕。護客歸來玉節閒，隱隱春光動浮蟻。傾蓋鱸魚故交蠣，可人森父佳元理。著我中間醉卻醒，舊管新收幾年紀。〔4〕

〔校注〕

〔1〕吳江：吳淞江。

〔2〕垂虹：指垂虹橋。

〔3〕畫鷁：《淮南子‧本經訓》：「龍舟鷁首，浮吹以娛。」高誘注：「鷁，大鳥也。畫其向著船頭，故曰鷁首。」後以「畫鷁」為船的別稱。張翰里：張翰的故里。張翰，字季鷹，吳郡吳縣（今江蘇蘇州市）人。西晉文學家，留侯張良後裔，吳國大鴻臚張儼之子。有清才，善屬文，性格放縱不拘，時人比之為阮籍，號為「江東步兵」。齊王司馬冏執政，辟為大司馬東曹掾。見禍亂方興，以蓴鱸之思為由，辭官而歸，年五十七卒。著有文章數十篇，行於世。

〔4〕自注：「初食鱸魚，坐間有送生蠣肉者。」

子敬作詩已久不以見示忽出一卷共有四十字乃相陪避暑三峽橋之作戲次其韻〔1〕

乃有詩如此，清新思湧泉。菶緣塵外景〔2〕，發露性中天〔3〕。舊事驚陳跡，新功喜盛年。當流欹枕處，醒得困時眠。

〔校注〕

〔1〕子敬：曾遇，字子敬，又字心傳，嘉興府華亭（今上海松江）人。官吉安主簿。博學能文，擅書法。與詞人張炎多有交往。三峽橋：又稱「棲賢橋」，位於江西廬山南側五老峰下、玉淵潭南，因澗水從五老峰湍急而下，聲如雷霆，蘇東坡題詩將此處比喻為瞿塘三峽，故又稱作「三峽橋」。

〔2〕菶緣：連絡；綿延。

〔3〕發露：顯示；流露。

弈棋戲作

人皆託物滌塵襟〔1〕，我亦於棋了寸陰。散誕不知身老大〔2〕，從容聊與世浮沉。諸君誤作機關說，老子初無勝負心。收拾定應全局在，清風明月照書林。

〔校注〕

〔1〕塵襟：世俗的胸襟。

〔2〕散誕：放誕不羈；逍遙自在。

雨行宿高岡人家戲成口號

過了一坡更一坡，中間田道水成渦。雨來更驟擔肩重，泥滑不休行步多。

奈老杉松猶偃蹇〔1〕，趁時桃李暫蹉跎〔2〕。炊煙戀屋不肯出，夜宿人家燒薜蘿〔3〕。

〔校注〕

〔1〕偃蹇：眾盛高聳貌。

〔2〕蹉跎：參差不齊貌。

〔3〕薜蘿：薜荔和女蘿。兩者皆野生植物，常攀緣於山野林木或屋壁之上。

毛希元提幹有廬山癖既卜築居之又作臥龍樓與玉京道院一時諸老皆為賦詩矣知賤子非所長而亦令賦何也作三絕句資一笑〔1〕

其一

錦繡裁成九迭山，山山佳處水縈環。無心但有雲來往，看得高人取次閒。

其二

臥龍消息合為霖，別派先通一線心〔2〕。若向祁山聽響震〔3〕，定知梁父不須吟〔4〕。

其三

玉京仙境發山謠，未把芙蓉意已消。此處尚堪詩興在，當年行樂亦云聊。〔5〕

〔校注〕

〔1〕毛希元：不詳。呂皓有《茶幹毛希元《考功歷》書後》文。

〔2〕先通：古代傳說中一種先知先覺、通曉諸事的巨人。此二句應用典「死諸葛嚇跑活仲達」。

〔3〕祁山：諸葛亮六出祁山失敗。

〔4〕梁父：同「梁甫」，《梁甫吟》是諸葛亮的一首詩作，講的是戰國時期齊國相國晏嬰二桃殺三士的故事。

〔5〕自注：太白之言九疊，總廬山之名耳。今人專指山中數培塿以為九疊，不合古意。希元經始臥龍，得一線之泉於石間，冬夏不竭。玉京以山得名，希元意不為永業，以道院目之。其山一名玉京，一名上京，淵明所謂疇昔家上京，太白手把芙蓉朝玉京，皆是山也。庚辰十月乙酉，書於湖莊所性堂。　　玉京：道家稱天帝所居之處。山謠：山歌。

危　積

危積，本名科，字逢吉，號巽齋，又號驪塘，撫州臨川（今江西撫州）人。孝宗淳熙十四年（1187）進士。調南康軍教授，擢著作郎兼屯田郎官，出知潮州，又知漳州。卒年七十四。文為洪邁所賞識。詩與楊萬里唱和。有《巽齋集》。今錄戲謔詩 2 首。

借詩話於應祥弟有不許點抹之約作詩戲之〔1〕

我有讀書癖，每喜以筆界。抹黃飾句眼〔2〕，施朱表事派〔3〕。此手定權衡〔4〕，眾理析畎澮〔5〕。歷歷燦可觀〔6〕，開卷如畫繪。知君篤友於〔7〕，因從借詩話。過手有約言〔8〕，不許一筆壞。自語落我耳，便覺意生械〔9〕。明朝試靜觀，議論頗澎湃。讀到會意處，時時欲犯戒〔10〕。將舉手復止，火側禁搔疥〔11〕。技癢無所施〔12〕，悶懷時一噫〔13〕。只可卷還君，如此讀不快。千駟容可輕〔14〕，君抱亦少隘〔15〕。昨問雞林人〔16〕，尚有此編賣。典衣須一收〔17〕，吾炙當痛嘬〔18〕。

〔校注〕

〔1〕應祥：疑為陳應祥，字知明，西安人。宋政和中（1111～1117），授道至元素大夫、凝神殿校籍。有詩集。

〔2〕句眼：句中最精彩的某一個字，也稱為詩眼。

〔3〕事派：事物的門類。

〔4〕權衡：商量、考慮是非得失。

〔5〕畎澮（quǎn huì）：田間水溝。這裡比喻將事理條分縷析。

〔6〕此句說，自己在書上塗抹的痕跡鮮明，歷歷可見。

〔7〕篤：深厚。友於：兄弟間的友情。《書・君陳》：「惟孝友于兄弟。」

〔8〕過手：指弟弟將書交付作者。

〔9〕意生械：意念受到約束、限制。械，枷鎖、鐐銬一類刑具。

〔10〕犯戒：指塗抹書籍。

〔11〕這兩句說，正要塗抹書籍，因與弟弟相約，只得勉強停止，就好比在爐火旁疥瘡奇癢難耐，卻又禁止搔癢一樣令人難受。

〔12〕技癢：指積習難改，欲塗抹書籍。

〔13〕噫：感歎。

〔14〕千駟：千輛車。駟，古時同駕一輛車的四匹馬。容：或者，也許。輕：輕視。

〔15〕隘：狹隘。

〔16〕雞林：古國名，即新羅。

〔17〕典衣：典當衣服。一收：指購買此書。

〔18〕炙：烤。嘬（chuaì）：咬，吃。

王架閣夙有棋癖嘗於和篇中譏其不工架閣頗諱惡其說復次韻戲之

　　劉伶耽於酒，淵明玩於菊。君乃癖於文，愛棋尤更篤。文高新掌故，棋只前秘讀。我昨卻萊兵，書法謹夾谷。不知君諱之，護名如護玉。恥鼓趙王瑟〔1〕，欲舉漸離築〔2〕。明發疾呼予，開枰數反覆。盛氣欲吞敵，厲響亦驚俗。失利頻湊頰，得雋喜填腹。勢固健於常，手終弱於僕〔3〕。君名高天下，此特一不足。小負毋重爭，旁觀有靜矚。大明昧於小，月固不勝燭。切勿罪劉五〔4〕，此筆兢所錄。〔5〕

〔校注〕

〔1〕趙王在澠池會上被迫為秦王鼓瑟。

〔2〕漸離擊悲築。公元前227年，燕太子丹命荊軻到秦國去謀殺秦始皇，太子丹送荊軻到易水之上，高漸離擊筑，荊軻慷慨悲歌。風蕭蕭兮易水寒，壯士一去兮不復還。

〔3〕手，原作「年」，據群賢集改。

〔4〕劉五：指宋初西崑體詩人劉筠。

〔5〕兢，群賢集作「競」。　　　自注：時涂任伯亦頗短架閣之棋，而和篇言不工者實予也。架閣乃歸罪於任伯。

林宗放

林宗放，字問禮，自號拙軒老人，寧國府宣城（今安徽宣城）人。孝宗淳熙十四年（1187）進士。廷對時言辭激切，得宰相周必大賞識。歷潭州、通州、太平州教授，學徒達數百人。官蘭溪令、廣州通判。著有《筆煉》等。今錄戲謔詩 1 首。

劇暑不可耐戲作冷語排之呈國威同舍兄〔1〕

雲師怒挾風伯狂〔2〕，排山立海恣披猖〔3〕。斯須委雪一丈強，殺氣吞日埋扶桑〔4〕。平時身熱號炎荒〔5〕，冰山亦復連穹蒼。翔風健兒材武良，墮指十五半在亡。岩谷不問殲虎狼，凍合瀛海蛟龍僵。蒼生似落冰蠶鄉，一氣如縷何可長。翻思蹈火勇赴湯，誰能排雲挈太陽，稍與萬物回精光。客來征此疑荒唐，烏有先生投予方〔6〕。端居炎赫汗反漿，試想幻境生清涼。

〔校注〕

〔1〕國威：疑是凌震，字國威，號雷門。本莆田人。宏毅學古，治春秋，登淳祐進士第。知廣州，兼領嶺南東路經略安撫使，改廣東都統。

〔2〕雲師：傳說中的雲神。風伯：傳說中的風神。

〔3〕披猖：亦作「披昌」。猖獗，猖狂。

〔4〕殺氣：猶陰氣；寒氣。扶桑：傳說日出於扶桑之下，拂其樹杪而升，因謂為日出處。亦代指太陽。

〔5〕自注：身熱山，見《西域傳》。

〔6〕烏有先生：漢司馬相如《子虛賦》中虛擬的人名。意為無有其人。

李　壁

李壁（1159～1222），字季章，號雁湖居士，又號石林。眉州丹棱（今屬四川）人。李燾子。光宗紹熙元年（1190）進士，為秘書省正字。開禧二年（1205），起草伐金詔書。權禮部尚書，累官參知政事，兼樞密院事。後謫居撫州，又起知遂寧府。諡文懿。著有《雁湖集》《王荊文公詩箋注》等。今錄戲謔詩4首。

戲題

深院鎖蛾眉，黃花一兩枝。晚來天氣好，渾似早春時。

投壺〔1〕

彎弧力不任〔2〕，棋局思慮費。不如習投壺，閑暇可觀禮。心精手斯應，古謂射之細。無寧貴巧得，近取直如矢。瀛洲遠塵霧〔3〕，永日但書幾。相攜千步廊，百發皆貫耳〔4〕。兢兢圖克終〔5〕，一瞬有成毀〔6〕。昔賢著新裕，取正斥奇詭〔7〕。造次垂令儀〔8〕，高山勞仰止〔9〕。

〔校注〕

〔1〕投壺：古代士大夫宴飲時玩的一種投擲遊戲。

〔2〕彎弧：拉弓。

〔3〕瀛洲：傳說中的仙山。塵霧：喻濁世；污濁。

〔4〕貫耳：古代投壺術語。明江禔《投壺儀節·投壺圖》：「貫耳，謂耳小於口，而能中之，是亦用心愈精，故賞之。」

〔5〕兢兢：精勤貌。克終：謂善終。

〔6〕一瞬：一眨眼。佛書中以二十念為一瞬，二十瞬為一彈指。見《翻譯名義集・時分》。喻指極短的時間。

〔7〕取正：用作典範。

〔8〕造次：須臾；片刻。令儀：謂整肅威儀。

〔9〕高山：高峻的山。亦比喻崇高的德行。仰止：仰慕；嚮往。止，語助詞。語出《詩・小雅・車舝》：「高山仰止，景行行止。」

過漢州留房公湖一日戲和少陵韻二首

其一

西湖天下勝，賢相古來稀。汛掃邀明月，徜徉逗落暉。蒲深鸂鶒響〔1〕，林靜鷓鴣飛〔2〕。腳力應難徧，雕欄幸可依。

其二

子美來湖上，篇篇只愛鵝。昔年惟有此，佳處總無多。竹徑縈新築，荷池引舊波。不應慳五字，共和有陰何〔3〕。

〔校注〕

〔1〕鸂鶒：亦作「鸂鶒」。水鳥名。形大於鴛鴦，而多紫色，好並遊。俗稱紫鴛鴦。

〔2〕鷓鴣：鳥名。形似雌雉，頭如鶉，胸前有白圓點，如珍珠。背毛有紫赤浪紋。足黃褐色。以穀粒、豆類和其他植物種子為主食，兼食昆蟲。古人諧其鳴聲為「行不得也哥哥」，詩文中常用以表示思念故鄉。

〔3〕陰何：南朝梁詩人何遜和陳詩人陰鏗的並稱。唐杜甫《解悶》詩之七：「熟知二謝將能事，頗學陰何苦用心。」

韓淲

韓淲（1159～1224），字仲止，號澗泉，信州上饒（今屬江西）人。韓元吉之子。以蔭補京官，有高節，仕不久即歸隱，人但以「韓判院」相稱。嘉定中，病卒。以詩名。著有《澗泉集》《澗泉日記》。今錄戲謔詩 19 首。

走筆戲詠散庵〔1〕

結庵名散將何為，心散意散空自知。等閒收拾到窗戶，草木亦覺風披披。浮世徒爾相拘束，達人大觀歲月速〔2〕。有時散蕩吟一詩，詩與此庵無盡期。

〔校注〕

〔1〕散庵：詩僧。餘不詳。

〔2〕達人：豁達豪放的人。

斯遠作冷語甚佳以其富貴神仙中致非畸人山澤所宜戲次韻柬之〔1〕

飛流作枕山作屏，采薇散發神氣寧〔2〕。岩扉無人晝長扃〔3〕，幾回午夢驚獨醒。水邊石上草自馨，嵐光近散遠以凝〔4〕。長飆撼樹時靜聽，灑然塵銷天籟清。幽禽刷羽飛來輕〔5〕，泉源舞荇聲泠泠。殷雷收暑甘雨零，碧落乍空鶴且鳴。閒身無用心太平，試琢新語朱弦聲。世俗所為吾不應，因君詩來如飲冰。

〔校注〕

〔1〕斯遠：方回《瀛奎律髓》卷二三：「樟邱徐文卿，字斯遠，信州玉山人。嘉定四年進士。與趙昌父、韓仲止聲名伯仲。」按：文卿有《蕭秋詩集》一卷，陳

振孫《直齋書錄解題》卷一五著錄。葉適《水心集》卷一二《徐斯遠文集序》
稱其淡泊功名，樂遊山水，「以文達志，為後生法」。詩學眾體，「情瘦而意潤，
貌枯而神澤」。《道光上饒縣志》卷二二《人物志・儒林》有徐文卿傳。
〔2〕采薇：指歸隱。見《史記・伯夷列傳》。
〔3〕岩扉：岩洞的門，借指隱士的住處。
〔4〕嵐光：山間霧氣經日光照射而發出的光彩。
〔5〕刷羽：禽類以喙整刷羽毛，以便奮飛。

戲柬胡教授

去冬曾與十客遊，今夏還約幾人至。橋南花處數枝梅，青子林園尚
堪醉。行者居者復不來，相賞相違何有哉。古栝蒼山照流水〔1〕，我亦
僅能知此爾。

〔校注〕
〔1〕古栝：古檜樹。

重午乏酒戲成〔1〕

小樓清坐意何如，休沐雖閒歎索居〔2〕。解粽未忘良夜飲〔3〕，研朱
猶作午時書。風生暝色天橫幕，雲卷晴光月吐梳。朗誦離騷撫空案，獨
醒笑殺楚三閭〔4〕。

〔校注〕
〔1〕重午：農曆五月初五日。即端午節，又稱重午。亦以紀念相傳於是日自沉汨羅
　　江的古代愛國詩人屈原，有裹粽子及賽龍舟等風俗。
〔2〕索居：孤獨地散處一方。
〔3〕解粽：剝食粽子。亦借指端午。
〔4〕楚三閭：指屈原。因其曾任楚國三閭大夫，故稱。

戲贈成季〔1〕

尋常盡月無人問，邂逅今朝有客留。酒到醉深纔得味，詩因吟好卻
生愁。夕陽倒射亂雲合，淺水未乾飄葉浮。揮手薰風只如此，角聲孤起
在城樓〔2〕。

〔校注〕

〔1〕原按：此詩二首，其一見下六言絕句。　　成季：不詳。

〔2〕杜牧《登池州九峰樓寄張祜》：「百感中來不自由，角聲孤起夕陽樓。」

戲贈成季

拂拂溪煙橫暮，絲絲小雨吹涼。酒盡更呼載酒，一觴一詠行藏。

戲書

亂拖遊士伴噇酒〔1〕，硬捉閒僧聽做詩。後句不來瓶已罄，月涼山靜角巾欹。

〔校注〕

〔1〕噇酒：沒有節制地喝酒。

文叔樓居次韻戲之〔1〕

行藏知在倚樓間，雨際煙巒接九關。著腳既高心自遠，問言何似嶽前山〔2〕。

〔校注〕

〔1〕文叔：黃裳（1146～1194），字文叔，號兼山，劍州普成（今屬四川劍閣）人。乾道五年（1169）進士，曾兼東宮官、侍講，官至禮部尚書，卒諡忠文。與陳概、劉光祖友善，有《王府春秋講義》、《兼山集》（佚）等，事見《宋史》三百九十三本傳、《宋元學案》卷七十二小傳。但從自注來看，似不此人。

〔2〕自注：文叔嘗隱衡嶽。

戲柬德久〔1〕

天與詩人月一輪，樓高偏照鏡中塵。夜涼翠袖翩翩處，應問行藏獨倚身〔2〕。

〔校注〕

〔1〕德久：潘檉（chēng），字德久，浙江永嘉人，官閤門舍人（管理朝廷事務的人），授福建兵馬鈐轄。

〔2〕行藏：指出處或行止。語本《論語·述而》：「用之則行，舍之則藏。」潘岳
　　《西征賦》：「孔隨時以行藏，蘧與國而舒卷。」岑參《武威送劉單判官赴安
　　西行營便呈高開府》詩：「功業須及時，立身有行藏。」蘇舜欽《又答范資政
　　書》：「此大君子之行藏屈伸，非罪戾人之所可為也。」

姊丈攜諸甥送至十里寺戲題壁間

薰風小寺駐征鞍〔1〕，不問人間行路難〔2〕。酒力漸添詩力健，芙蓉
空自迭高寒〔3〕。

〔校注〕

〔1〕薰風：南風。征鞍：旅行者所騎的馬。

〔2〕行路難：「行路難」是樂府《雜曲歌辭》舊題。是李白遭受讒毀初離長安南
　　下時寫的一組詩。詩中寫世路艱難，充滿著政治上遭遇挫折後的抑鬱不平
　　之感。

〔3〕芙蓉：借指作者高潔的品質。

玩易〔1〕

其一

剛決柔爻是五陽〔2〕，一年春數此方強。希夷只把臨分畫〔3〕，龍見
於田意最長〔4〕。

其二

太玄準易裝為旅〔5〕，歷氣推詳陽夏時〔6〕。親寡且從人事說〔7〕，艮
離山火去何之〔8〕。

〔校注〕

〔1〕易：即《周易》，也稱《易經》或《易》，是中國最古老的占卜術著作，對中國
　　文化產生巨大的影響。其作者尚不確定，據說是由伏羲氏與周文王（姬昌）根
　　據《河圖》《洛書》演繹並加以總結、概括而來。司馬遷《報任安書》：「文王
　　拘而演周易」。

〔2〕《周易》中的夬辭：乾下兌上，澤天夬。下面五個陽爻，上面一個陰爻。這是
　　「十二消息卦」之一，代表三月，表示陽長陰消，也即意味著春天來到。

〔3〕希夷：指道士。臨分：即將分別。

〔4〕龍見於田：《周易·乾》九二：「見龍於田，利見大人」。見，讀 xiàn。見於田，
　　　則沛澤萬物。

〔5〕太玄：即《太玄》，亦稱《太玄經》，西漢揚雄所著。其體裁仿《周易》，內容
　　　上混合儒、道、陰陽，以「玄」為中心。準：按照，依照。易：即《周易》。
　　　旅：《周易》六十四卦之五十六卦，指行旅、商旅，全卦的內容都與此相關。

〔6〕陽夏：指夏至。

〔7〕親寡：代指旅。

〔8〕艮離：八卦中的兩卦。

仲至近詩戲題卷末〔1〕

　　三年不見栗齋翁，滿卷新詩是國風〔2〕。野趣軒前梅蕊白，故人應在
醉吟中。

〔校注〕

〔1〕仲至：即南宋詩人鞏豐。鞏豐（1148～1217），字仲至，號栗齋，以太學生參
　　　加對策，中進士。詩首句中的「栗齋翁」亦指鞏豐。

〔2〕國風：即《詩經·國風》，來自民間的歌謠。

伯皋所藏名妓墨竹逼令題之可謂戲劇〔1〕

　　夜寒窗靜密還開，翠袖移將影下來。只是風前猶愛惜，更教月底共
徘徊。

〔校注〕

〔1〕伯皋：晁公邁（生卒年不詳），字伯皋，一字伯咎，號傳密居士，宋濟州鉅野
　　　（今山東菏澤）人。晁泳之季子。以蔭補將仕郎。欽宗靖康（1126～1127）初
　　　黨禁解，為開封府刑曹，不避豪強。官終提舉廣東常平司。工詩，名章秀句為
　　　士大夫所傳誦。有詩集。

社日無酒戲作〔1〕

　　世事紛紛不擬知，縱聾何必苦醫治。旁觀未會醒然意，更道為豬無
太癡。

〔校注〕

〔1〕社日：祭祀社神的日子。《禮記・祭法》記載：「共工氏之霸九洲也，其子曰后
土，能平九州，故祀以為社」。

與成季著棋〔1〕

一樹寒梅秋未花，日邊終是影橫斜。開軒戲把紋楸對〔2〕，綠葉清聲
亦自嘉。

〔校注〕

〔1〕成季：李昭玘（？～1126），字成季，宋鉅野（今屬山東）人。元祐進士，歷
官提點永興、京西、京東刑獄，後坐元符黨奪官。工詩、文。少與晁補之齊名，
為蘇軾所知。為文光明俊偉，風骨堅健。著有《樂靜集》。按：李昭玘去世時，
韓氏還未出生，顯然不是此人。

〔2〕紋楸：指圍棋棋盤。唐鄭谷《寄棋客》詩：「松窗楸局穩，相顧思皆凝。」唐
溫庭筠《觀棋》詩：「閒對楸枰傾一壺，黃華坪上幾成盧。」

仲明還自杭戲與弈棋〔1〕

人自西湖南蕩歸，定無塵土染征衣。山間醉把紋楸戲，還共清暉對
落暉〔2〕。

〔校注〕

〔1〕仲明：宋代僧人，居山陰（今浙江紹興）報恩寺。

〔2〕清暉：明亮的光澤。落暉：夕陽。

戲問丞廨荷花

露荷吹滿小池風，想見公餘採摘空。正是新秋明月夜，隔溪還許野
人同。

戲問梅花

本是山中向臘開，如何亦入帝城來〔1〕。插向瓷瓶疑有語，大家都莫
管塵埃。

〔校注〕

〔1〕帝城：又稱「帝都」，指京城，古時天子居住的地方。

衛　涇

衛涇（1159，1160～1226），字清叔，號拙齋、西園、後樂居士，衛季敏之子，嘉興華亭（今上海）人，徙居崑山。孝宗淳熙十一年（1184）進士第一，十四年授秘書省正字。與朱熹友善。寧宗開禧初，得旨入朝，累遷御史中丞。三年，參與謀誅韓侂冑，除簽書樞密院事兼參知政事。後為丞相史彌遠所忌，罷知潭州。嘉定九年四月，以資政殿大學士參議大夫知福州，提舉臨安洞霄宮。卒，諡文穆，改諡文節。著有《後樂集》。今錄戲謔詩 2 首。

張德輝以詩見遺需酒因次韻解嘲〔1〕

廷評一石了獄事〔2〕，謫仙一斗百篇詩。君才盤盤壓今古〔3〕，肯使英名誇昔時。濁醪妙理清有聖〔4〕，此意豈復達士疑〔5〕。我慚鼷腹怯鯨量〔6〕，咄咄隱几成書癡〔7〕。

〔校注〕

〔1〕張德輝：不詳。

〔2〕廷評：大理寺評事別稱。

〔3〕盤盤：形容才識，心胸博大。

〔4〕濁醪：濁酒，即村酒，以顏色渾濁，故稱。

〔5〕達士：明智達理之士《呂氏春秋・知分》：「達，亦指未過濾的酒。士者，達乎死生之分。」

〔6〕鼷腹（xī）：比喻欲望有限。《莊子・逍遙遊》：「鷦鷯巢於深林，不過一枝。偃鼠飲河，不過滿腹。」鯨量：指酒量。一作「鯨吸」，唐杜甫《飲中八仙歌》：「左相日興費萬錢，飲如長鯨吸百川。」

〔7〕咄咄：表示吃驚。

小山遊翠峰寺攜枕席寄宿僧堂僧甚多而不與人相接戲成

癡坐禪關日亭午，靜看博山香一縷。欲知世上炎與涼，三扣金仙三不語〔1〕。

〔校注〕

〔1〕金仙：指佛。

慶元士人

嘲韓侂胄 〔1〕

　　一在廬陵一豫章〔2〕，文忠文穆兩相望。大家飛上梧桐樹，自有旁人說短長。〔3〕

〔校注〕

〔1〕《宋詩紀事》題作《嘲京仲遠》，是。並引《四朝見聞錄》云云。此詩內容與韓
　　侂胄侔不相關。韓侂胄：南宋權相。字節夫。相州安陽（今屬河南）人。北宋
　　名臣韓琦的曾孫。光宗紹熙五年（1194），他與宗室趙汝愚等人擁立宋寧宗趙
　　擴即皇帝位。寧宗即位不久，韓侂胄就逐趙汝愚出朝廷。從此，掌握軍政大權
　　達 13 年之久。製造了昭著的慶元黨禁，後期發動了開禧北伐失敗主和，被史
　　彌遠等人謀殺。

〔2〕廬陵：今江西吉安。豫章：南昌的別稱。

〔3〕文忠文穆：宋葉紹翁《四朝見聞錄》卷一：「歐陽子諡文忠，京丞相鏜以善事
　　韓平原，亦諡文忠。後以公論，謂不宜以諡歐陽者諡鏜，改諡文穆。無名子作
　　詩云云。」

劉學箕

　　劉學箕，字習之，號種春子，號方是閒居士，崇安（今福建武夷山）人，子翬孫，劉玭之子。生平未仕，曾「遊襄漢，經蜀都，寄湖浙，歷覽名山大川，取友於天下」，寧宗嘉泰四年（1204）返鄉。嘉定八年（1215），又遊安康（今陝西漢陰），是時年將屆六十。有《方是閒居士小稿》。今錄戲謔詩 3 首。

吾廬寓言〔1〕

　　五峰之山環吾廬，五峰之水清溜渠。山水可樂情可娛，五畝之宅奠厥居。清湖列嶂開坐隅，白沙崴崴煙岫鋪〔2〕。崇山梅嶺豁望眼，高門董阜聯襟裾。況當春晚積雨餘，綠褥翠迭青珊瑚。桑麻滿路人意好，鳴禽上下聲相呼。迨今八月九月初，楓林隔水紅凋疏。秋場稻熟聽蓬樸，小槽新釀傾真珠。昨宵一雪飛璠璵〔3〕，遠山近山光凝酥。群峰突兀不敢覷，銀壁照耀天鬼塗。千金不須買畫圖，丹青縱有畫不如。風景萬態朝昏殊，天成此畫人難摹。蹊荒圃廢幾朝夕，一日築居天賜予。四時遊觀心良舒，考盤在阿歸來乎〔4〕。乃歌曰：採於園兮籃有蔬，釣於水兮筐有魚，余之弗歡兮其誰之歡歟。又歌曰：惠風清兮出有車，芸香芬兮讀有書，余之弗樂兮其誰之樂歟。〔5〕

〔校注〕

〔1〕吾廬：指方是閒堂。詩人嘉泰四年返鄉里，年未五十，移家於南山之下，引泉植竹，造亭立館，取其最宏敞者，扁曰方是閒堂。日與賓客飲，飲醉吟詩，詩成更飲，常至達旦。

〔2〕峩峩：高峻貌。

〔3〕璠璵（fán yú）：泛指珠寶。

〔4〕考盤在阿：來自《詩經・衛風・考盤》，寫的是隱居山林，獨善其身的隱士。

〔5〕自注：清湖、白沙、崇山、梅嶺、高門、董阜皆屋側山名。

和劉伯益嘲菊韻〔1〕

虛隨斗轉屬中宵，草木凌兢菊粲條。錢迭夕陽金儚儚，蘂浮秋露玉鐫雕。不隨俗子媚時好，長伴幽人避世囂。冷炙殘杯愧征逐〔2〕，曲肱只合友顏瓢〔3〕。

〔校注〕

〔1〕劉伯益：劉友直，字伯益，為劉學箕門人。曾官浙江漕運使。嘉定十年九月下旬撰有《方是閒居士小稿跋》一文，據文末署有名與字。

〔2〕征逐：謂酒肉朋友互相邀請吃喝玩樂。唐韓愈《柳子厚墓誌銘》：「今夫平居里巷相慕悅，酒食遊戲相征逐，詡詡強笑語以相取下。」

〔3〕曲肱：彎臂作枕。

甲口玩月〔1〕

山頭團團上明月，偏與行人照離別。月華只是尋常明，照人離愁愁思盈。千古萬古是個月，如何有愁有歡悅。君將此理細推尋，悲歡原自由人心。

〔校注〕

〔1〕甲口：疑是浙江金華盤安縣雙溪鄉下轄的一個村莊。

釋居簡

　　釋居簡（1164～1246），字敬叟，號北磵，潼川（今四川三臺）人。俗姓龍，依邑之廣福院圓澄得度，後居杭之飛來峰北磵十年，晚居天台。著《北磵文集》十卷、《北磵詩集》九卷、《外集》《續集》《語錄》各一卷。今錄戲謔詩 4 首。

解嘲杜鵑

　　神武門頭穩掛冠，至今猶頌二疏賢〔1〕。試將史傳從頭讀〔2〕，不說西京有杜鵑〔3〕。

〔校注〕

〔1〕二疏賢：漢宣帝時，疏廣任太子太傅，其姪疏受任太子少傅。叔姪二人都是賢德之人，且同為太子師傅，一時成為美談。

〔2〕史傳：即《史記》。

〔3〕西京：即長安城。

樸翁加冠巾蘇召叟訝予不嘲之〔1〕

　　見與聞同駁且猜，多應自斷不佗裁。聰明斷種豈僧事，鑾鑠據鞍須將才〔2〕。好在夕陽愁夜近，懷哉鯢齒尚心孩〔3〕。自非獨善林泉懶，應是林泉少禍媒。

〔校注〕

〔1〕樸翁：即葛天民，字樸翁。蘇召叟：蘇泂，字召叟，丞相頌四世孫。有《泠然齋集》。

〔2〕矍鑠據鞍：《後漢書・馬援傳》：「二十四年，武威將軍劉尚擊武陵五溪蠻夷，深入，軍沒。援因請復行，時年六十二。帝愍其老，未許之。援自請曰：『臣尚能披甲上馬。』帝令試之。援據鞍顧眄，以示可用。帝笑曰：『矍鑠哉，是翁也！』」

〔3〕鯢齒：指老人的再生齒。

樸翁約效誠齋分題得月色

霜晴如此月明何，獨恨空庭著不多。窗外樓頭都有了，其餘四散盡從它。

雲山道人榴桃橙橘戲墨〔1〕

造化工夫竟屬誰，墨花豈恨子生遲。海榴不與山桃約，趁得橙黃橘綠時。

〔校注〕

〔1〕雲山道人：不詳。

卷二十六

劉　宰

劉宰（1166～1239），字平國，號漫塘病叟。鎮江府金壇（今屬江蘇）人。光宗紹熙元年（1190）進士，調江寧尉。開禧初，仕至浙東倉司幹官。尋告歸，監南嶽廟。後朝廷屢召，皆不就。隱居漫塘三十年，平生無嗜好，惟於書無所不讀。卒後朝廷嘉其節，諡文清。著有《漫塘集》。今錄戲謔詩 12 首。

嘲啼鳥〔1〕

破袴年來未改為〔2〕，園中啼鳥汝何知。從教解使君侯悟，爾死何由得蓋帷。

〔校注〕

〔1〕原注：脫卻破袴。

〔2〕破袴：鳥名。蘇軾《五禽詩》：「昨夜南山雨，西溪不可渡。溪邊布穀兒，勸我脫破袴。」自注：「土人謂布穀為脫卻破袴。」

戲和荊公讀《漢書》

當年泚筆笑愚忠〔1〕，後日私書跡更窮。自是京劉異恭顯，未知君意與誰同。

〔校注〕

〔1〕泚筆：用筆蘸墨。

戲傅老〔1〕

錦繡囊開一夜風，萬家花柳鬥青紅。誰知一點陽和氣，盡在高禪杖錫中。

〔校注〕

〔1〕原注：時在慈雲寺高麗。　　傅老：高僧，餘不詳。

戲謝張端衡惠牡丹並湯鵝〔1〕

右軍渾脫從花王〔2〕，老子開盤喜欲狂。擬插一枝無稱面，浪餐鵝炙愧劉郎。

〔校注〕

〔1〕張端衡：與詩人同時的畫家。考《畫史》，端衡，京口人，舉進士，調句容尉，以丹青名。劉宰有《題張端衡竹木石畫》《代東寄張端衡》詩。劉宰《漫塘賦》：釋然而悟曰：「子無俟於索言，吾特從而戲汝。」

〔2〕右軍：自注：俚語謂鵝。

贈齒醫魯生

曾過當湖好事家，園池髣髴記豪華。老來只欲甘藜藿〔1〕，乞我仙方固齒牙〔2〕。

〔校注〕

〔1〕甘藜藿：野菜的一種。

〔2〕乞，自注：去聲。

戲呈南池同遊諸兄

方池帶南郭，勝踐及西風〔1〕。多稼天連碧，芳蓮水映紅。漁歌來席上，鳥影度屏中。想見垂楊裏，詩成又暮鐘。

〔校注〕

〔1〕勝踐：盡興的旅遊。

用韻寄陳仲思聞有詩它贈而不見及

　　之子才宜獬豸冠〔1〕，我緣童丱即窺斑〔2〕。溟鵬已擊三千里，天驥猶遺十二閒〔3〕。五字飽聞傳有位，尺書枉用到窮山。春風得句能相寄，待我猶存季孟間。

〔校注〕

〔1〕獬豸冠：古代司法官員所戴的帽子。又稱「惠文冠」「法冠」「觟冠」。獬豸為傳說中的神獸，能辨曲直，故古代用於神判，並以此飾司法官員的帽子。據史載，楚王曾獲獬豸，以為冠，秦滅楚後，將此冠賜予執法官吏，此後歷代相沿。《後漢書・輿服志》：「法冠，一曰柱後，高五寸，以纚為展簡，鐵柱卷。執法者服之，侍御史、廷尉正監平也。或謂之獬豸冠。獬豸，神羊，能別曲直。楚王嘗獲之，故以為冠。」《舊唐書・輿服志》：「法冠，一名獬豸冠，以鐵為柱，其上施珠兩枚，為獬豸之形，左右御史臺流內九品以上服之。」

〔2〕童丱：童子。丱，古時兒童的丱角髮型。《顏氏家訓・勉學》：「蠻夷童丱，猶能以學成忠。」宋蘇軾《和子由蠶市》：「憶昔與子皆童丱，年年廢書走市觀。」

〔3〕天驥：駿馬的美稱。

再用韻戲答陳仲思〔1〕

　　一讀新詩一解顏，天孫機杼錦斕斑。致師自昔能無語，瞥眼君宜付等閒。風定波濤收萬壑，雲歸紫翠出千山。論交早歲今華髮，少有猜疑愧兩間。

〔校注〕

〔1〕陳仲思：與張栻、范成大、張孝祥等皆有交遊。栻有《詩送陳仲思參佐廣右幕府》、成大有《陳仲思、陳席珍、李靜翁、周直夫、鄭夢授追路過大通，相送至羅江分袂，留詩為別》、孝祥有《同張欽夫過陳仲思所居，次仲思韻》等詩。

因石令君行有感成古詩一章呈丞尉二丈不知退之亦肯效孟郊樊宗師以文滑稽否〔1〕

　　絕代有佳人，潔齊處深宮。組織成文章，黼黻可帝躬〔2〕。蘭菊媚幽姿，桃李自春風。出門非所識，所識非所從。婉變彼誰女〔3〕，剪製了

不工。膏沐倚市門，苟為悅己容。顧盼若有得，婑嫷靡不同。出門惟所之，諧笑繚西東。寄語道傍人，取捨須至公。榮華一時耳，禮義百年中。

〔校注〕

〔1〕石令君：原注：不矜。石不矜淳祐元年至三年（1241～1243）知韶州。見《廣東通志》。

〔2〕蕭蔎：形容人具有文學天賦、才華橫溢。

〔3〕婉孌：美好的樣子。

走筆謝王去非遺饋江鱭〔1〕

環坐正無悰〔2〕，駢頭得嘉饋〔3〕。鮮明訝銀尺，廉纖非蠆尾〔4〕。肩聳乍驚雷，腮紅新出水。芼以薑桂椒，未熟香浮鼻。河魨愧有毒，江鱸慚寡味。更諗座上客，送歸煩玉指。飣餖雜青紅〔5〕，百巧出刀匕。翩翩鶴來翔，粲粲花呈媚。頗疑壺中景，髣髴具盤底。又疑三神山，幻化出人世。更於屬饜余〔6〕，想像無窮意。知君束裝冗，不敢折簡致。厚賜何可忘，因筆聊舉似。

〔校注〕

〔1〕王去非（1101～1184），字廣道。平陰（今屬山東）人。金朝佛教居士。探六經百家言，務為博贍眩詣。複雜取老莊釋氏諸書，採其理要，貫穿融會。居家教授，家有餘財輒分惠貧者，鄉鄰化服。立行言，不為崖異。性恬淡，惟好書，不慕榮利。晚造堂名因拙。寂後，門人私諡名「醇德」。江鱭：即刀鱭。亦名「刀魚」。體側扁，尾部延長，銀白色。為名貴經濟魚類。元王逢《江邊竹枝詞》之三：「如刀江鱭白盈尺，不獨河魨天下稀。」

〔2〕悰（cóng）：快樂的事情。

〔3〕駢頭：謂頭並在一起。指將筍整齊捆著。蘇詩施注：「《竹譜》：唐人食筍詩：『稚子脫錦襯，駢頭玉香滑。』」

〔4〕廉纖：糾纏、拖沓。蠆（chái）尾：蠆，蠍子一類的蟲子，其尾有毒，因以喻稱害人的人。《左傳·昭公四年》：「鄭子產作丘賦，國人謗之曰：『其父死於路，己為蠆尾，以令於國，國將若之何！』」

〔5〕飣餖：將食品堆迭在盤中，擺設出來。

〔6〕饜餘：補足後還有剩餘。

再韻為鱂繪虎變解嘲

多病早休官，自是臺無饋。東門享鷄鷗〔1〕，寧若龜曳尾〔2〕。有酒可斟酌，有力給薪水。朗詠淵明詩，如斲郢人鼻〔3〕。所期免朝饑，敢幸嘗異味。大胾來鄰邑〔4〕，細縷出纖指。一見喜折屐，三思食失匕。珍非我可常，灶非吾敢媚。胡可狥口腹，有若囊無底。諸君有用學，土苴足經世〔5〕。龍肝與鳳髓，何求不適意。此豈費萬錢，正自不難致。貴賤理則殊，氣味固相似。

〔校注〕

〔1〕鷄鷗（ài jū）：《國語·魯語上》：「海鳥曰『爰居』，止於魯東門外三日，臧文仲使國人祭之。展禽曰：『越哉，臧孫之為政也……今海鳥至，己不知而祀之，以為國典，難以為仁且智矣……今茲海其有災乎？夫廣川之鳥獸，恒知避其災也。』是歲也，海多大風，冬暖。」爰居因避海上大風，棲息於魯國東門之外。魯大夫臧文仲以為是神鳥，便叫魯國百姓祭祀。此鳥不習慣於被當神鳥來供養，三天之後便死了。後用以詠海風，或用喻清高之士。

〔2〕龜曳尾：又謂「曳尾塗中」。《莊子·秋水》：「莊子釣於濮水，楚王使大夫二人往先焉，曰：『願以境內累矣。』莊子持竿不顧，曰：『吾聞楚有神龜，死已三千歲矣，王巾笥而藏於廟堂之上。此龜者，寧其死為留骨而貴乎，寧其生而曳尾於塗中乎？』二大夫曰：『寧生而曳尾塗中。』莊子曰：『往矣。吾將曳尾於塗中。』」比喻自由自在的隱逸生活，含有對這種雖處於社會低下層，但不受官事管束和牽累的生活的讚美。

〔3〕斲郢人鼻：《莊子·徐无鬼》：「郢人堊慢其鼻端若蠅翼，使匠石斲之。匠石運斤成風，聽而斲之，盡堊而鼻不傷，郢人立不失容：……自夫子之死也，吾無以為質矣，吾無與言之矣。」郢人：喻知己。

〔4〕大胾（zì）：切成大塊的肉。鄰邑：鄰縣，接近本地的縣。

〔5〕土苴（jū）：《莊子·讓王》：「故曰，道之真以治身，其緒餘以為國家，其土苴以治天下。」後世常用「土苴」喻指輕賤之物，並用作輕視榮華富貴的典故。

和陳倅田婦刈麥韻因解嘲

君不見山東健婦把犂耕，子美為賦《兵車行》〔1〕。我嘗一讀三歎息，尚想青天聞哭聲。又不見峽女生涯在兩腳，鬢髮飄蕭不堪掠。我嘗三復

負薪篇，亦是子美夔州作。山東征戰苦未平，峽女家貧無斟升。吾邦之俗異於是，賦調不苛閭里寧。八月詩人歌載績，餘暇不如同力穡。況復樵枯良易易，自昔民生在勤力。通守於民情最親，勞農不憚行侵晨。他日席前須記取，要使深宮識苦辛。

〔校注〕

〔1〕子美：即唐代詩人杜甫，字子美。《兵車行》：杜甫所作的一首諷世傷時的詩，來諷刺唐玄宗窮兵黷武給人民帶來莫大的災難，充滿了非戰色彩。

錢　震

錢震，字春伯，善化（今湖南長沙）人。寧宗慶元二年（1196）進士。嘉定十五年（1222），除國子博士，累遷秘書丞。理宗寶慶元年（1225），除著作郎。端平元年（1234），以吏部侍郎兼同修國史、實錄院同修撰。今錄戲謔詩1首。

戲題洞霄

之徑縈紆略彴橫〔1〕，松風和作步虛聲。泉流碧玉千年潤，山作靈丹九轉成。瓊館向曾迎帝輦，冰銜今尚帶朝纓。若非憫世天留與，那得華胥夢也清。

〔校注〕

〔1〕縈紆：迴旋彎曲。略彴：即小木橋。蘇軾詩：「略彴橫秋水。」

戴復古

　　戴復古（1167～1248？），字式之，號石屏，台州黃岩（今屬浙江）人。工詩，詩風清俊輕快，長期漫遊江湖間，為江湖派之重要詩人，終身未仕。曾從陸游學詩，亦受晚唐體影響。卒年八十餘。有《石屏詩集》《石屏詞》。今錄戲謔詩 15 首。

一笑

　　海曲荒涼地〔1〕，吟邊蹭蹬身〔2〕。時危法當隱〔3〕，年老慣居貧。俗客苦戀坐，小孫癡弄人。等閒成一笑，不覺把杯頻。

〔校注〕

〔1〕海曲：海角。

〔2〕蹭蹬：本指海水近陸，水勢漸減的樣子。後比喻為人的困頓失意。

〔3〕時危：時世艱險。法：理應。

戲呈趙明府〔1〕

　　堂堂附郭縣〔2〕，深遠半如村。能共斯民樂，渾忘太守尊。梅花高可折，橫浦撓無渾。欠與詩狂者，清談共一樽。

〔校注〕

〔1〕《永樂大典》卷一一〇〇〇引《戴復古石屏稿》「戲呈」後有「大庾」二字。

〔2〕附郭縣：縣治附設在州府城內者稱附郭縣。因治內有幾級政府的存在，縣令比較難當。

讀嚴粲詩「風撼瀟湘覆，江空雪月明」，以其一聯隱括為對〔1〕

筆端有神助，句法自天成。風撼瀟湘覆，江空雪月明。苦吟非草草〔2〕，妙趣若平平。李杜詩壇上，為君題姓名。

〔校注〕

〔1〕「瀟湘覆」，《永樂大典》卷九○三引戴復古下有「非深於杜詩者不能作此語」十一字。「隱括為對」，《永樂大典》下有「粲字坦叔」四字。　嚴粲：字坦叔，一字明卿，人稱華谷先生，邵武人。嘉定十六年（1223）進士·官至倉部郎官。有《華谷集》。隱栝：矯正竹木彎曲的器具。此指引句入詩。

〔2〕苦吟：反覆吟詠，雕琢詩句。草草：匆促，苟簡。

買歸舟，篙子請占牌，戲成口號〔1〕

詐稱官職不如休，白板無題又可羞。只寫江湖散人號〔2〕，不然書作醉鄉侯〔3〕。

〔校注〕

〔1〕買歸舟：雇船。篙子：船家。占牌：在牌子上寫上官職名稱立於船頭使別人避讓。

〔2〕江湖散人：唐陸龜蒙的別號。

〔3〕醉鄉侯：指專管醉鄉的侯王。謂願封往醉鄉，永不離去。自嘲之詞，嗜酒者常用以自擬。宋黃公度《秋夜獨酌》詩：「投老相從管城子，平生得意醉鄉侯。」

戲題詩藁〔1〕

冷澹篇章遇賞難〔2〕，杜陵清瘦孟郊寒〔3〕。黃金作紙珠排字，未必時人不喜看。

〔校注〕

〔1〕藁：同「稿」，草稿。

〔2〕冷澹：不繁茂濃豔，指詩文不加意修飾。

〔3〕杜陵：即杜甫。杜甫曾居陝西西安漢宣帝陵附近的杜陵，故自稱杜陵布衣、少陵野老。孟郊：唐詩人，浙江湖州人，作詩以苦吟和傾訴窮愁孤苦出名。

昭武太守王子文，日與李賈、嚴羽共觀前輩一兩家詩及晚唐詩，因有論詩十絕，子文見之，謂無甚高論，亦可作《詩家小學》須知〔1〕

其一

文章隨世作低昂〔2〕，變盡風騷到晚唐〔3〕。舉世吟哦推李杜〔4〕，時人不識有陳黃〔5〕。

其二

古今胸次浩江河〔6〕，才比諸公十倍過〔7〕。時把文章供戲謔，不知此體誤人多。

其三

曾向吟邊問古人，詩家氣象貴雄渾〔8〕。雕鎪太過傷於巧〔9〕，樸拙惟宜怕近村〔10〕。

其四

意匠如神變化生〔11〕，筆端有力任從橫。須教自我胸中出〔12〕，切忌隨人腳後行。

其五

陶寫性情為我事〔13〕，留連光景等兒嬉〔14〕。錦囊言語雖奇絕〔15〕，不是人間有用詩。

其六

飄零憂國杜陵老〔16〕，感寓傷時陳子昂〔17〕。近日不聞秋鶴唳〔18〕，亂蟬無數噪斜陽〔19〕。

其七

欲參詩律似參禪〔20〕，妙趣不由文字傳。個裏稍關心有悟〔21〕，發為言句自超然。

其八

詩本無形在窈冥〔22〕，網羅天地運吟情。有時忽得驚人句，費盡心機做不成。

其九

作詩不與作文比，以韻成章怕韻虛〔23〕。押得韻來如砥柱〔24〕，動移不得見工夫。

其一〇

草就篇章只等閒〔25〕，作詩容易改詩難。玉經雕琢方成器，句要豐腴字要安〔26〕。

〔校注〕

〔1〕昭武：即今福建邵武。王子文：王鎰，字子文，號潛齋，金華人。工詩詞，1232年前後任福建邵武郡太守，後累官至端明殿學士。李賈：字友山，號月洲，邵武光澤人，曾為渝川縣尉。嚴羽：字丹丘，一字儀卿，自號滄浪逋客，著名詩歌理論家，福建邵武人，一生不仕，著有《滄浪詩話》《滄浪集》。晚唐詩：經黃巢之亂後，唐代進入衰退時期，詩歌內容呈現出沒落空虛的特點，形式上也向華豔纖巧的方向發展。此論詩十絕作于邵武，當時嚴羽《滄浪詩話》裏的觀點剛剛形成，一味推崇盛唐，貶斥陳師道和黃山谷，戴復古與之論辯，形成了這十首論詩之詩。十首詩中，第一首闡明了詩詞的傳統和流派，第二首講詩風流弊，第三首講風格，第四首、第五首講創作方法，第六首講當前詩風，第七首、第八首講靈感，第九首講押韻，第十首講修改。小學：周代的貴族子弟8歲入小學，15歲入太學。漢代以後指文字學。這裡指初級入門之學。

〔2〕文章：文字辭章，這裡泛指文學作品。低昂：高低盛衰。

〔3〕風騷：《詩經》和《楚辭》的並稱。這裡指《詩經》和《楚辭》中所體現的一種有為而發的傳統精神。

〔4〕吟哦推，《戴復古全集校注》作「紛紛吟」，並校：「四庫本作『吟哦推』。」李杜：李白、杜甫。

〔5〕陳黃：陳師道與黃庭堅。陳師道（1053～1101），字履常，一字無已，別號後山居士，徐州彭城人。早年從曾鞏受業，後得蘇軾賞識，創作上受黃庭堅影響最深，是江西詩派的主要作家。黃庭堅（1045～1105），字魯直，號山谷道人，江西分寧（今江西修水）人，詩為蘇軾所稱賞，「蘇門四學士」之一。他推崇杜詩，選擇在書本知識與寫作技巧上爭勝的創作道路，形成好奇、尚硬的風格，並得到同時代人的追隨，成為影響很大的江西詩派。

〔6〕胸次：胸懷。

〔7〕諸公：嚴羽在《滄浪詩話》中對近代諸公有嚴厲的批評，這裡戴復古把陳黃與
　　　近代諸公區別開來，指出其胸襟與才學高出十倍，但因為陳黃過於「以才學為
　　　詩」，結果誤導了這些才學不足的諸公。

〔8〕氣象：氣勢。

〔9〕雕鎪（sǒu）：雕刻。

〔10〕村：粗俗。

〔11〕意匠：作文繪畫時的精心構思。

〔12〕須教：必須從。這兩句寫出了詩人的詩歌創作主張：要直抒胸臆，不可拾人牙
　　　慧。

〔13〕陶寫：陶冶、排遣。

〔14〕留連光景：徘徊於景色之中舍不得離開。意指為寫景而寫景就像兒戲一樣。

〔15〕錦囊：錦製之囊。《李賀小傳》：「恒從小奚奴，騎驢，背一古破錦囊，遇有所
　　　得，即書投囊中。」

〔16〕杜陵老：即杜甫。

〔17〕陳子昂（661～702）：唐朝政論家、文學家，字伯玉，官至右拾遺，辭官回鄉
　　　後，被武三思誣陷下獄，憂憤而死。作詩標舉風雅比興，或感懷身世，或諷諫
　　　朝政，風格高峻，為杜甫、白居易所稱賞。有《陳伯玉集》。

〔18〕鶴唳：鶴鳴。《詩經·鶴鳴》：「鶴鳴于九皋，聲聞于野。」

〔19〕亂蟬：韓愈《薦士》：「齊梁及陳隋，眾作等蟬噪。」這裡把憂國傷時的詩比作
　　　鶴鳴於天，而把專作閒情逸致的詩比作亂蟬。

〔20〕參禪：佛教用語，玄思冥想，探究真理。嚴羽首創了以禪喻詩之說，強調「妙
　　　悟」與「興趣」。認為學詩像學禪一樣需要妙悟。這裡詩人也同意了這種說法。

〔21〕個裏：這裏面。

〔22〕窈冥：深遠、奧妙。這一首揭示了靈感的存在，好詩往往於偶然間得之。

〔23〕韻虛：指用韻不實，強湊韻腳。

〔24〕砥柱：三門峽段黃河中有山若柱名砥柱。這裡比喻不可移易。

〔25〕等閒：平常。

〔26〕豐腴：豐滿。安：穩妥。

度　正

　　度正（1166～1235），字周卿，號性善，又號樂活，合州銅梁（今四川合川）人。少受業於朱子。年二十四，光宗紹熙元年（1190）進士。初官於遂寧，任戶掾，後遷益昌學官。寧宗嘉定三年（1210），知華陽縣；五年（1212），通判嘉定軍；九年（1216），權知懷安，遷知重慶府。後為國子監丞、軍器少監。理宗紹定四年（1231）為太常少卿；端平元年（1234），權禮部侍郎兼侍讀，兼國史院編修官、實錄院同修撰。後遷禮部侍郎，致仕。有《性善堂文集》，已佚。清四庫館臣據《永樂大典》輯為《性善堂稿》十五卷。今錄戲謔詩 10 首。

兼考遂寧補試鎖宿在學戲題一絕
　　壯士縛雞聊爾耳〔1〕，小兒相鼎竟何如。眼前萬事不堪說，惟有秋風解得渠。

〔校注〕
〔1〕爾耳：如此罷了。

制幹判院初度載臨謹以梅起興賦三絕句為斯文壽一笑幸甚
　　其一
　　江梅吐出五花新，綽約林間早占春〔1〕。多謝天公孕佳實〔2〕，中心渾是那仁仁〔3〕。

其二

冰魂玉質映霜林，四月飛成點點金。遙想清香能止渴，應知此意可為霖。

其三

傅岩人起應旁招〔4〕，道德光明相業高。試問當年調鼎事〔5〕，非梨非栗不能桃。

〔校注〕

〔1〕綽約：柔婉美好貌。

〔2〕佳實：質優味美的果實。

〔3〕仁仁：厚愛，仁德深厚。

〔4〕傅岩：《史記‧殷本紀》：「帝武丁即位，思復興殷，而未得其佐。三年不言，政事決定於冢宰，以觀國風。武丁夜夢得聖人，名曰說。以夢所見視群臣百吏，皆非也。於是乃使百工營求之野，得說於傅岩中。是時說為胥靡，築於傅岩。見於武丁，武丁曰是也。得之與之語，果聖人，舉以為相，殷國大治。故遂以傅險姓之，號曰傅說。」後人把「傅岩」比作賢士在野。

〔5〕調鼎：指治理國家的才能。唐皇甫冉《彭祖井》詩：「聞道延年如玉液，欲將調鼎獻明光。」

昨幸甚得見子玉教授丈得一論其說出於訂頑克己銘詞致超絕輒借前韻以慶兼呈諸丈幸乞一笑正再拜上

其一

天作斯文鼓大聲，賢科今已定章程〔1〕。諸生自此升堂去，讒說安能復震驚。

其二

廣文人物世間無，兩眼晶熒照乘珠。拈出便應人歎服，粹然議論到先儒。

其三

新泉瀹茗濯詩魂〔2〕，翻閱如飛徹曉昏。是石無瑕終是石，莫教抱璞退聲冤。

其四

鑒別毫釐豈易哉，逢奇何惜讀千回。充囊未可矜前得，如積薪焉看後來。

其五

淺陋微邦望不高，偶同齊晉會蟲牢〔3〕。進賢受賞非吾事，拭目龍門躍巨濤。

〔校注〕

〔1〕自注：劉祭酒燴乞選擇祖宗盛時程文可矜式者頒降，近已得旨施行。賢科：科舉時代對選舉官吏所分科目的美稱。

〔2〕瀹（yuè）茗：烹茶。

〔3〕會蟲牢：周定王二十一年（公元前 586），晉景公發起九國諸侯在鄭地蟲牢抗楚之會，即歷史上有名的蟲牢之會。

夢得學士賢表惠寄蕨芽小詩馳謝聊發一粲

陟彼南峰采蕨芽，筥籃馳送簇英華。東君迸出非無意〔1〕，救活饑腸幾萬家。

〔校注〕

〔1〕東君：太陽。

周文璞

周文璞，字晉仙，號方泉，又號野齋、山楹，陽谷（今屬山東）人。曾官溧陽縣丞，內府守藏吏等。能詩，與韓淲、姜夔、葛天民等人交遊。有《方泉先生詩集》。今錄戲謔詩 2 首。

閒居日有幽事戲作

竹暗僧窺戶，莎寒鶴上廳。壁懸陳處士〔1〕，屏貼少微星〔2〕。疊甓為蔬圃，埋盆學蓼汀〔3〕。自知癡得計，常用醉為醒。野客兼稱僕，幽禽代作伶。浴鳧翻落碾，鬥雀墮空庭。算數推三甲，防身召一丁。案頭松葉響，牆角柚花馨。梵庋堆書笈〔4〕，醪罌隱粟餅。茅茨隱煙雨，雞犬也忘形。

〔校注〕

〔1〕陳處士：名不詳。處士：古時候稱有德才而隱居不願做官的人。

〔2〕少微星：古人稱少微星為處士星，常喻指處士。《史記·天官書》：「延藩西有隋星五，曰少微，士大夫。」唐司馬貞《史記索隱》：「《春秋合誠圖》云：『少微，處士位。』又《天宮占》云：『少微，一名處士星』也。」

〔3〕蓼汀：生長著蓼草的小洲。

〔4〕梵庋（guǐ）：存放佛經的書櫃書架。

自笑

　　自笑蕭條甚，微吟坐到昏。江風來掃地，山鳥見開門。茶面龍頭縮〔1〕，花梢犢鼻溫。一從杯酒少，不復過深村。

〔校注〕

〔1〕龍頭縮：烹茶用的石鼎飾有小龍頭，倒水伸，不倒水縮，也叫石鼎龍頭縮。唐韓愈《石鼎聯句》詩序云：「龍頭縮菌蠢，豕腹漲彭亨。」

許應龍

許應龍（1168～1248），字恭甫。福州閩縣（今福建福州）人，寧宗嘉定元年（1208）進士，調汀州教授。遷太學博士。理宗紹定二年（1229）擢為知潮州。端平初，召為禮部郎官。遷兵部尚書兼中書舍人，又兼給事中、兼吏部尚書。嘉熙三年（1239），拜端明殿學士、簽書樞密院事。尋遭彈劾奉祠。著有《東澗集》十四卷。今錄戲謔詩2首。

次韻張太博方得余所遺二程先生集辨二程戲邵子語〔1〕

文字未科斗，圖書未龜龍。燦然天地間，此理觸處逢。是謂象之祖，而為數之宗。昊羲古神聖，先得人所同。文因而繇之〔2〕，且出亦並雄。訖於我孔聖，天命滋益恭。渾然一理貫，密察而從容。辭變於象占，四者固所崇。推時以知變，象占在其中。荒荒秦漢後，學者昧所從。不以災異會，則以虛無通。天開周氏子，易道乃復東。動靜靜復動，終始始而終。上承千年緒〔3〕，下起百世風。同時有邵子〔4〕，講道於伊嵩〔5〕。天地之運化，陰陽之無窮。即物驗消長，先機知吉凶。邵子極道數，獨立幾無戎〔6〕。二程闖周孔〔7〕，為時開濛濛〔8〕。其歸則一耳，昧者結忡忡〔9〕。學之將奈何，矧余倍顓蒙〔10〕。要知羲皇心，須踏周孔蹤。

〔校注〕

〔1〕《全宋詩》按：此詩亦見《鶴山集》卷三。

〔2〕繇（yáo）：動搖。

〔3〕緒：前人遺留下來的未竟的事業。

〔4〕邵子：即邵雍（1011～1077），字堯夫，諡康節。共城（今河南輝縣）人，隱居於蘇門山百源之上，後人稱之為百源先生。

〔5〕伊嵩：伊闕山和嵩山的並稱。多以指賦閒隱居之地。唐代白居易《喜閒》詩：「蕭灑伊嵩下，優游黃綺間。未曾一日悶，已得六年閒。」宋文彥博《和副樞貝諫議寄題廣化寺東軒》詩：「淨居高出四禪天，更對伊嵩闢廣軒。」宋代邵雍《有客吟》：「伊嵩有客欲無言，進退由來盡俟天。好靜未能忘水石，樂閒非為學神仙。」

〔6〕自注：助也。見《詩》注。

〔7〕二程：程顥和程頤。皆為宋代理學家。周孔：周公與孔子的合稱。

〔8〕濛濛：蒙昧貌。

〔9〕忡忡：憂愁貌。

〔10〕矧（shěn）：況且。顓（zhuān）蒙：愚昧。《漢書·揚雄傳下》：「天降生民，侹侗顓蒙，恣於情性，聰明不開，訓諸理。」

自歎

　　僕訴無衣婢訴饑，老妻終日不開眉。十年待得齊瓜熟〔1〕，又似齊瓜未熟時。

〔校注〕

〔1〕齊瓜熟：無名氏《水調歌頭·六月十六》：「見說齊瓜熟，鵬路快扶搏。」

蘇　泂

蘇泂（1170～？），字召叟，山陰（今浙江紹興）人。頌四世孫。早年隨祖師德宦遊成都，曾任過短期朝官，在荊湖、金陵等地作過幕賓，身經寧宗開禧初的北征。曾從陸游學詩，與當時著名詩人辛棄疾、劉過、王枘、趙師秀、姜夔等多有唱和。卒年七十餘。有《泠然齋詩集》八卷。今錄戲謔詩 7 首。

邢兄招納涼大善以醉眠不及往大篇見嘲一筆走

昨宵予不飲，月下看風生。不飲竟大奇，識此風月清。今宵予醉狂，醉眼仍看月。月落猶未醒，思與枕簟歇。從來清涼事，果為獨士慳。良月如佳人，解後亦已難。月色政爾好，友生偶然來。此樂如此時，百歲能幾回。我眠不在枕，我醉不在杯。平明視鬢毛，定恐此物催。四十餘一年，侵尋行老景〔1〕。人老欲何為，此話當自領。大塊天地寬，酒泉歲月永。非醉復非眠，快活心下省。

〔校注〕

〔1〕「四十」二句：說明作此詩時作者 39 歲。從詩文中可考證其卒年。

予既賦金貂亭詩巽伯求益不已偶得名酒連飲輒醉隨意長哦忽數十句錄而成篇真醉漢口中語是可塞嚴命矣惜不令子大德允見之共一醉噱耳〔1〕

君不見陳留阮籍字嗣宗〔2〕，竹林賢者渠稱雄。登山臨水輒經日，竟用酣飲全其躬。謂渾汝不得復爾，獨善猶子曰仲容〔3〕。以其任達似叔

－871－

父，氣壓道北空多銅。宗人共集作圜坐，酌以大斗飛金鐘。著言君子處域內，何異群虱居褌中。形骸忽忘置不問，豈復上欲圖三公〔4〕。古來賢達類若此，劉伶畢卓非凡庸〔5〕。陶潛數酌宦情遠，李白一斗詩情通。彼胡不醒匪不智，智在意表言難窮。共惟遙集乃咸嗣，是飲三代傳家風。五馬渡江一馬龍，事未幾見嗟江東。就家拜爵下車去，搖手溫嶠吾誰從。京尹非才固所願，青山聽入明招終。所親相顧數在念，謂方醉耳何其聰。孫為知幾翁遠識，信使日月垂虛空。山林鐘鼎不兩立，珥貂著屐將無同。解之換酒亦不惡，蠟以盛足誠為工。古來醉人醉亦醒，後之醒者醒而聾。作亭縹緲山水勝，曳杖扶疏煙雨蒙。長江為杯斗為杓，一飲天地生春紅。持杯卻酹我遙集，籍咸墳土俱蒿蓬。步兵常侍本何物，目送千古歸飛鴻。我今與子生並世，得不痛沃崔嵬胸。只看祖家當時所餘兩小籬，其視吳屐相去何啻億萬千千重。

〔校注〕

〔1〕金貂亭：為浙江明招山建築。嵇曾筠等《浙江通志》卷四十七載：「金貂亭，呂喬年《金貂亭記》，晉江南將軍阮孚之墓亭也。嘗以金貂換酒，後歸明招山下終焉。山有蠟屐亭，右名金貂，識公故事也。」同書卷二百五十八亦記：「《金貂亭記》，呂喬年撰。」巽伯：呂喬年，字巽伯，南宋嘉泰間壽州（今壽縣）人。呂祖儉長子。刻印過其伯呂祖謙《東萊呂太史文集》36 卷、其父《麗澤論說集錄》15 卷。袁燮《居士阮君墓誌銘》曰：「東萊呂君子約，某之畏友也。長子喬年巽伯克肖厥父，議論勁正不阿。」

〔2〕陳留阮籍字嗣宗：阮籍（210～263），字嗣宗，陳留尉氏（今河南尉氏）人，「竹林七賢」之一。

〔3〕仲容：阮咸，字仲容，三國魏名士阮籍之侄，後世常用作侄子的喻稱，也用於比喻放情世外的高士。

〔4〕三公：中國古代朝廷中最尊顯的三個官職的合稱。

〔5〕劉伶（約 221～300）：字伯倫，沛國（治所在今安徽宿縣）人。曾任魏建威參軍。好老莊，善清談，與阮籍、嵇康等交往密切，為「竹林七賢」之一。不拘禮法，言行放誕。畢卓：（322～？）東晉官員。字茂世，新蔡鮦陽（今安徽臨泉鮦城）人。歷仕吏部郎、溫嶠平南長史。晉元帝太興末年為吏部郎，因飲酒而廢職。

予頃時有一聯云太飽傷清氣微寒最好詩葛天民極愛之偶再續成[1]

太飽傷清氣，微寒最好詩。輕鷗憐野性，垂柳讓風姿。智巧從天賦，疏狂聽我為。極知貧者病，未許藥能醫。

〔校注〕

〔1〕葛天民：字無懷。紹興府山陰（今浙江紹興）人，初為僧人，名義銛，號樸翁。理宗時，還俗，隱居西湖上，自號「柳下」。好學工詩，所交遊皆名士，與楊萬里、姜夔、葉紹翁、趙師秀等人多有唱和。其詩為葉紹翁所推。有二侍姬，一名如夢，一曰如幻。著有《無懷小集》。

次韻馬季思禁體雪二首

其一

滌盡妖氛氣，妝成富貴冬。梅花香處覺，人意火邊濃。未暖那飛絮，非寒底見松。絕憐階下竹，腰折為誰恭。

其二

庭樹曉毿毿，行空馬脫驂。瑞臻平地尺，白見一年三。照眼花猶散，齊腰話可參。岑樓尋勝賞，溪泛此何慚。

效張文潛雪體（二首）

其一

布衾如鐵衣生角，學道終宵免醉昏。兒女呻吟惟有睡，老人獨自起開門。

其二

樓高誰上最高層，獨客思家見只憎。半夜樵歸逢說虎，隔溪曟罷約留燈。